EUGENIA E BIOÉTICA
UMA REFLEXÃO FOUCAULTIANA

Editora Appris Ltda.
1.ª Edição - Copyright© 2024 da autora
Direitos de Edição Reservados à Editora Appris Ltda.

Nenhuma parte desta obra poderá ser utilizada indevidamente, sem estar de acordo com a Lei nº 9.610/98. Se incorreções forem encontradas, serão de exclusiva responsabilidade de seus organizadores. Foi realizado o Depósito Legal na Fundação Biblioteca Nacional, de acordo com as Leis nᵒˢ 10.994, de 14/12/2004, e 12.192, de 14/01/2010.

Catalogação na Fonte
Elaborado por: Dayanne Leal Souza
Bibliotecária CRB 9/2162

F866e
2024
	Freitas, Patrícia Marques
	    Eugenia e bioética: uma reflexão Foucaultiana / Patrícia Marques Freitas. – 1. ed. – Curitiba: Appris, 2024.
	    174 p. ; 23 cm. – (Coleção Ciências Sociais).
	
	    Inclui bibliografias.
	    ISBN 978-65-250-6984-5
	
	    1. Eugenia. 2. Foucault. 3. Bioética. I. Freitas, Patrícia Marques. II. Título. III. Série.
	                                                                                                                    CDD – 340.07

Livro de acordo com a normalização técnica da ABNT

Appris editora

Editora e Livraria Appris Ltda.
Av. Manoel Ribas, 2265 – Mercês
Curitiba/PR – CEP: 80810-002
Tel. (41) 3156 - 4731
www.editoraappris.com.br

Printed in Brazil
Impresso no Brasil

Patrícia Marques Freitas

EUGENIA E BIOÉTICA
UMA REFLEXÃO FOUCAULTIANA

Appris editora

Curitiba, PR
2024

FICHA TÉCNICA

EDITORIAL
Augusto Coelho
Sara C. de Andrade Coelho

COMITÊ EDITORIAL
Ana El Achkar (Universo/RJ)
Andréa Barbosa Gouveia (UFPR)
Antonio Evangelista de Souza Netto (PUC-SP)
Belinda Cunha (UFPB)
Délton Winter de Carvalho (FMP)
Edson da Silva (UFVJM)
Eliete Correia dos Santos (UEPB)
Erineu Foerste (Ufes)
Fabiano Santos (UERJ-IESP)
Francinete Fernandes de Sousa (UEPB)
Francisco Carlos Duarte (PUCPR)
Francisco de Assis (Fiam-Faam-SP-Brasil)
Gláucia Figueiredo (UNIPAMPA/ UDELAR)
Jacques de Lima Ferreira (UNOESC)
Jean Carlos Gonçalves (UFPR)
José Wálter Nunes (UnB)
Junia de Vilhena (PUC-RIO)
Lucas Mesquita (UNILA)
Márcia Gonçalves (Unitau)
Maria Aparecida Barbosa (USP)
Maria Margarida de Andrade (Umack)
Marilda A. Behrens (PUCPR)
Marília Andrade Torales Campos (UFPR)
Marli Caetano
Patrícia L. Torres (PUCPR)
Paula Costa Mosca Macedo (UNIFESP)
Ramon Blanco (UNILA)
Roberta Ecleide Kelly (NEPE)
Roque Ismael da Costa Güllich (UFFS)
Sergio Gomes (UFRJ)
Tiago Gagliano Pinto Alberto (PUCPR)
Toni Reis (UP)
Valdomiro de Oliveira (UFPR)

SUPERVISORA EDITORIAL Renata C. Lopes
PRODUÇÃO EDITORIAL Daniela Nazario
REVISÃO Bruna Fernanda Martins
DIAGRAMAÇÃO Amélia Lopes
CAPA Carlos Pereira
REVISÃO DE PROVA Beatriz Santos

COMITÊ CIENTÍFICO DA COLEÇÃO CIÊNCIAS SOCIAIS

DIREÇÃO CIENTÍFICA Fabiano Santos (UERJ-IESP)

CONSULTORES
Alícia Ferreira Gonçalves (UFPB)
Artur Perrusi (UFPB)
Carlos Xavier de Azevedo Netto (UFPB)
Charles Pessanha (UFRJ)
Flávio Munhoz Sofiati (UFG)
Elisandro Pires Frigo (UFPR-Palotina)
Gabriel Augusto Miranda Setti (UnB)
Helcimara de Souza Telles (UFMG)
Iraneide Soares da Silva (UFC-UFPI)
João Feres Junior (Uerj)
Jordão Horta Nunes (UFG)
José Henrique Artigas de Godoy (UFPB)
Josilene Pinheiro Mariz (UFCG)
Leticia Andrade (UEMS)
Luiz Gonzaga Teixeira (USP)
Marcelo Almeida Peloggio (UFC)
Maurício Novaes Souza (IF Sudeste-MG)
Michelle Sato Frigo (UFPR-Palotina)
Revalino Freitas (UFG)
Simone Wolff (UEL)

O homem, durante milênios, permaneceu o que era para Aristóteles: um animal vivo e, além disso, capaz de existência política; o homem moderno é um animal em cuja política sua vida de ser vivo está em questão.

(Michel Foucault)

AGRADECIMENTOS

A gratidão é poder reconhecer a todos aqueles que em algum nível se sacrificaram para que eu pudesse realizar este trabalho, aqueles que respeitaram e honraram as escolhas que fiz ao optar por esse caminho. Deus é meu maior incentivador, aquele que abre as portas do conhecimento sem hesitar que eu as adentre. Chegar até aqui não foi fácil e nem será para ninguém, por isso é preciso agradecer, porque sozinha jamais seria possível.

Assim, agradeço aos meus pais, Fernando Freitas (*in memoriam*) e Nazaré Freitas, por me oportunizarem a chance de realizar este sonho. Aos meus irmãos, Fernando Freitas e David Freitas, por me receberem em seus lares com alegria. Aos queridos tios, tias, primas e primos do Rio de Janeiro, de São Paulo, de Fortaleza, de Brasília, de Goiânia, de Manaus e de Belém, que sempre me incentivaram na conquista dos meus passos acadêmicos.

Aos meus amados e saudosos avós, Mário Marques, Nair Marques, Jaime Teixeira e Lígia Teixeira, *in memoriam*, pelo respeito que tenho aos antepassados, os verdadeiros pioneiros que desbravaram as terras brasileiras.

Agradeço ainda ao meu orientador, professor Márcio Alves da Fonseca, a quem admiro e respeito, por me possibilitar percorrer este novo caminho nos escritos de Michel Foucault. Aos queridos professores e funcionários da PUC-SP, à professora Maria Garcia, exemplo de dedicação, à professora Yolanda Glória Muñoz, por suas valiosas contribuições, ao professor Márcio Pugliese, pela disponibilidade de sempre, à querida professora Ana Darwich, pelas incansáveis palavras de incentivo, ao professor Henrique Garbellini, pela amizade, e ao professor Fernando Rister, pela disposição e simpatia.

Registro também agradecimento ao grupo de pesquisa Michel Foucault da PUC-SP, e a todos os amigos e professores que o compõem, principalmente à professora Salma Tannus. Ao grupo de pesquisa Corpos Indóceis: sujeito, normalização e acesso à justiça do Cesupa-PA, ambos vinculados ao CNPq, em que pude aprender e compartilhar sobre os escritos de Foucault.

Ao meu amado Alex Borges, pela prestimosa ajuda na digitação deste trabalho e pelo carinho sempre presentes. Aos amigos do doutorado da PUC de São Paulo por compartilharem as experiências neste caminho acadêmico. Aos queridos amigos, tanto de São Paulo quanto de Belém, que sempre torceram pela realização deste intento.

*Ao meu pai, Fernando Marcio da Cunha Freitas (in memoriam);
e à minha filha, Maria Beatriz, que faz tudo valer a pena...*

PREFÁCIO

Desde a morte de Michel Foucault, em 1984, o fim da atualidade do seu pensamento é anunciado. Para além de seus detratores, ele se faz cada vez mais presente e rigoroso. Entre outros autores da Filosofia e das Ciências Sociais, ele pode ser lido como um clássico. A contemporaneidade de Foucault se renova quando dilemas e contradições do presente encontram no seu pensamento todo o rigor necessário para a sua interpretação.

É nesse sentido que a pesquisadora Patrícia Marques Freitas apresenta a força e o vigor do aporte teórico foucaultiano. Em uma linguagem clara, porém nada simplista, essa jovem intelectual se lança aos instrumentos conceituais do pensamento de Foucault para confrontar questões urgentes de nossa atualidade. Conceitos elaborados a partir de uma analítica do poder, como Biopoder e Biopolítica, são articulados em uma reflexão sobre o Biodireito e a Bioética. Só esse passeio instigante em meio ao aparato conceitual foucaultiano já nos valeria a leitura, todavia, esse arcabouço conceitual comparece na tentativa de nos apresentar um caminho de reflexão e diálogo com os difíceis impasses criados pela instrumentalização das novas tecnologias de poder. Quais os limites éticos que a nós são exigidos diante dos avanços e das conquistas das ciências da vida? De que maneira certos discursos aparentemente imbuídos de uma perspectiva ética atendem a processos nada emancipatórios de opressão dos corpos? Como o Direito normalizado irá se refletir em dimensões do Biodireito e da Bioética como discursos e tecnologia do poder que atendem à manutenção e à reprodução da violência simbólica?

É nesse ponto que o cerne da discussão comparece sustentado no argumento de que todo discurso é articulado por um saber: científico, religioso, mítico, do senso comum, entre outros. Isso posto, todo saber serve às relações de poder, daí a ênfase dada na analítica do poder foucaultiana à relação saber/poder. Sobretudo aqueles saberes que foram convertidos em tecnologias de poder, dispositivos adequados à promoção e reprodução da violência simbólica em práticas autoritárias nos processos de normalização. A ideia de normalização apresentada em sua teoria reporta-se ao processo que faz dominantes e sobrepostos um conjunto de valores discursivamente elaborados, cujo status coletivo e social foi alçado à concepção de normalidade. Segundo Foucault, normais são todos os sentidos que se fazem hegemônicos em meio às relações de poder.

Para o filósofo francês, a política sempre se apresenta como um dispositivo legítimo de mediação dos conflitos inerentes às relações de poder, uma vez que possibilita às partes em conflito permanecerem em um mesmo pé de igualdade e liberdade, possibilitando a elas a elaboração de consensos provisórios entre os grupos envolvidos. Contudo, estamos diante da violência, quando o discurso se instrumentaliza tendo em vista a promoção de um discurso de inferioridade e desqualificação do outro, onde a sua posição de igualdade e liberdade para resistir é suspensa, o que leva a uma disputa desigual. O dispositivo de opressão pode ser a violência física ou psíquica, quando impõe o temor da dor e do sofrimento aos corpos e almas colocadas sob dominação, ou a violência simbólica, um tipo de discurso que tem a capacidade de persuadir e convencer o outro de que esse lugar de opressão e dominação é válido e legítimo.

Todas essas questões são apresentadas pela pesquisadora, com a finalidade de analisar como a relação saber/poder está indissociavelmente enlaçada pela política. Debruçando-se sobre os discursos eugênicos do início do século XIX e a história da medicina social, ela segue os passos de Foucault, tomando-os como um "caso bom para pensar" a maneira pela qual o discurso captura e é capturado pelas relações de poder enquanto um dispositivo poderoso na produção de um tipo de racionalidade capaz de elaborar a realidade e a prática social. Não à toa, o racismo comparece como a consequência de um tipo de saber, cuja instrumentalidade discursiva se viu amparada pela biologia e serviu à legitimação da dominação de certos corpos inseridos em uma estratificação classificatória que definia aqueles que poderiam ser dominados e/ou deixados à morte. A biologia se apresenta como um saber que oferecerá sustentabilidade discursiva às práticas racistas de subjugação de corpos úteis aos processos de produção, quando não ao extermínio de corpos considerados abjetos por essa tipologia classificatória.

Assim a autora nos conduz por um caminho reflexivo, apontando para discursos e a maneira como eles atuam como elementos legitimadores e reprodutores de práticas violentas e opressoras. Desperta em nós um espanto novo diante da atualidade do pensamento foucaultiano, como se o estivéssemos vendo pela primeira vez. Reforça, nesses tempos sombrios, o vigor de um resgate da coragem da verdade, ou como diria Foucault, a verdade entendida não como o contrário da mentira, mas das "opiniões indolentes".

Ana Darwich

Graduada em Direito pela UFBa.

Mestre e doutora em Ciências Humanas e Sociais pelo Instituto Universitário de Pesquisa do Rio de Janeiro (Iuperj).

Psicanalista pelo Corpo Freudiano do Brasil.

SUMÁRIO

INTRODUÇÃO 17

CAPÍTULO I
BIOPOLÍTICA 23
  1.1 A desilusão da biologia: o "novo testamento" da vida 23
  1.2 O nascimento da medicina social. 33
  1.3 Por uma genealogia do poder. 44
  1.4 A vontade de saber 47
    1.4.1 Dispositivo de sexualidade 50
    1.4.2 A era do Biopoder 55

CAPÍTULO II
EM DEFESA DA SOCIEDADE.. 59
  2.1 Estatização do biológico. 59
  2.2 Paradoxos do Biopoder e racismo 66
  2.3 Segurança, território, população 71
    2.3.1 Segurança 71
    2.3.2 Normalização disciplinar 74
  2.4 Nascimento da Biopolítica 78

CAPÍTULO III
BIOÉTICA E BIODIREITO 87
  3.1 Bioética... 87
    3.1.1 Contexto histórico 87
    3.1.2 Conceito. 91
    3.1.3 Modelos Bioéticos. 93
    3.1.4 Fundamentação Filosófica 98
    3.1.5 Princípios. 101
  3.2 Biodireito. 105
    3.2.1 Contexto histórico. 105
    3.2.2 Biodireito Constitucional 114
    3.2.3 Conceito 117
    3.2.4 Princípios 119
    3.2.5 A quem é devido o devido processo legal? 120
    3.2.6 Crítica ao humanismo 124

CAPÍTULO IV
EUGENIA COMO ASSEPSIA DO CORPO SOCIAL 133
    4.1 Conceito e histórico 133
    4.2 Eugenia no Brasil 136
    4.3 Darwinismo Social... 143
    4.4 Contra a perfeição... 145
        4.4.1 Engenharia genética 147
        4.4.2 Biodireito como Direito normalizador.................................. 150

CONCLUSÃO... 159

REFERÊNCIAS 167

INTRODUÇÃO

Os meus primeiros contatos com o Biodireito – que é um saber que anda de mãos dadas com a Bioética – foram logo após a graduação em Direito, no curso de especialização *lato sensu* em Direitos Difusos e Coletivos. Essa disciplina surgia, assim como o Direito Ambiental, o Direito Eletrônico e outras disciplinas semelhantes, como uma esperança na relação do Direito com situações novas na sociedade, que pareciam desprotegidas do amparo legal.

A partir da temática dos fetos anencéfalos, que deu ensejo à ADPF n.º 54 (Arguição de Descumprimento de Preceito Fundamental), julgada pelo Supremo Tribunal Federal (STF) no ano de 2012, é que pude aprofundar o assunto do Biodireito relacionando-o com o Direito Constitucional. No Biodireito Constitucional, a Constituição Federal de 1988 torna-se parâmetro para solucionar os novos casos que despontam com os avanços biotecnológicos e na área da medicina relativos à vida humana.

Esses novos casos são as experimentações científicas com seres humanos; o uso de células-tronco embrionárias ou adultas; a criação e manipulação de Organismos Geneticamente Modificados (OGM) ou transgênicos; a reprodução humana assistida e doação temporária do útero (barriga de aluguel); a engenharia genética; a descoberta do genoma humano; a legalização ou não da eutanásia, ortotanásia, distanásia; a legalização ou não do abortamento; os transplantes de órgãos; a eugenia; a clonagem humana; mudança de sexo; esterilização compulsória de deficientes físicos ou mentais; como também as revoluções tecnocientíficas relativas ao meio ambiente, que podem causar desequilíbrio ao ecossistema e mesmo o uso de armas químicas.

No aprofundamento do Biodireito pude perceber que alguns autores[1] tangenciavam o tema da Biopolítica referido por Michel Foucault, estabelecendo uma conexão entre os assuntos. Portanto, essas leituras alimentaram uma curiosidade muito grande sobre a Biopolítica. Ocorre que nos cinco anos em que pude lecionar a disciplina de Biodireito e Bioética notei que as soluções propostas para as temáticas supra relatadas pautavam-se por

---

[1] Como, por exemplo, o artigo de Gisele Mascarelli Salgado (2009) no livro *Biodireito Consticional*, bem como o artigo de Fermin Roland Schramm (2009) na *Revista Bioética* e o de Vera Potocarrero (2016) na *Revista de Filosofia Aurora*.

dois campos opostos da ética, que seria de um lado a ética utilitarista e de outro a ética deontológica. Em um nível mais superficial, isso se traduzia como os grupos pró-escolha e os grupos pró-vida, respectivamente.

Os grupos pró-escolha são formados por defensores da autonomia do indivíduo para escolher e decidir a respeito do que fazer com seu próprio corpo, como no caso do aborto, por exemplo, pois para esses grupos, a mulher deveria decidir livremente se opta pelo aborto ou não. Enquanto os grupos pró-vida entendem que o direito à vida é o bem mais importante a ser defendido, compreendendo, portanto, que a escolha do indivíduo não pode ser priorizada quando a vida de outro ser humano estiver em risco.

Entretanto, parecia que algo faltava, talvez um olhar mais crítico sobre como a "realidade social" se apresenta diante desse "admirável mundo novo" e o que, efetivamente, tenha levado a isso. Sendo assim, as análises de Foucault são muito pertinentes, porque ele estabelece críticas profundas sobre o Direito e a sociedade.

Em razão disso, o presente trabalho tem por objetivo estudar a noção de Biopolítica problematizada por Michel Foucault, para propor reflexões sobre a Bioética e o Biodireito, a partir de suas análises críticas a respeito da sociedade e do Direito, tendo por fio condutor dessa análise a Eugenia que aparece na teoria da desgenerescência destacada por Foucault. Nesse sentido é que a proposta deste livro é a de que a problematização de Foucault sobre a Biopolítica pode trazer contribuições mais aprofundadas para o debate jurídico que envolve as questões relacionadas ao Biodireito, à Bioética e à Eugenia.

Com isso, o livro seguirá o seguinte percurso: no primeiro e no segundo capítulos, far-se-á o estudo da Biopolítica, para o qual se escolheu iniciar com *Ditos e Escritos* (Foucault, 2013d, v. 2), depois *Microfísica do Poder* (Foucault, 2008a), em seguida *História da Sexualidade* (Foucault, 2015, v. 1), bem como os cursos ministrados no *Collège de France*, mais especificamente, *Em defesa da sociedade* (Foucault, 2010a); *Segurança, Território, População* (Foucault, 2008h); e *Nascimento da Biopolítica* (Foucault, 2008b).

Assim, em *Ditos e Escritos* (Foucault, 2013d, v. 2) é abordada a desilusão e até mesmo o medo, que os avanços no estudo da biologia trazem quanto ao que se entendia por hereditariedade e sobre as possibilidades dos cientistas de intervir na natureza, seja criando quimeras, seja alterando a composição dos alimentos. A medicalização da vida aparece como uma das preocupações de Foucault, na qual o poder médico dispõe de uma capacidade normativa muito grande, chegando a delimitar uma divisão entre o que seria normal e anormal. Desse modo, são criadas diversas doenças, para as quais a indústria farmacêutica produz os medicamentos necessários, lucrando em níveis altíssimos.

Seguindo no propósito do estudo da Biopolítica, em *Microfísica do Poder* (2008a), mais especificamente, no artigo *O nascimento da medicina social* (2008e), Foucault apresenta a hipótese de que, com o capitalismo, a medicina tornou-se cada vez mais social e não privada, como geralmente se acredita. Ele explicita as três fases da formação da medicina social, que são a medicina de Estado alemã; a medicina urbana francesa e a medicina da força de trabalho inglesa.

Com isso, o modelo de medicina estatal teria chegado ao cume com a polícia médica alemã e o processo de normalização do médico. Posteriormente, em Paris, a intensa urbanização levou à concretização das políticas sanitárias e de higienização da cidade com a separação de bairros pobres e ricos. Finalmente, na Inglaterra, a ameaça advinda da classe mais pobre deu ensejo à criação da Lei dos pobres e mais uma vez a uma política sanitária de controle do corpo social.

Em continuação, passou-se para *A vontade de saber* que corresponde ao volume 1 de *História da sexualidade* (2015, v. 1), no qual Foucault trata da ciência sexual em que a histerização da mulher, o onanismo infantil e a psiquiatrização do pervertido sexual eram vistos como problemas da família burguesa do século XVIII. O processo de psiquiatrização da sexualidade condenava a relação sexual que não tivesse como fim a reprodução e patologizava os ditos desviantes sexuais. Todas essas ideias serviam como parte do fundamento da teoria da degenerescência.

Depois, segue-se nos cursos do *Collège de France*, primeiramente, na aula de 17 de março de 1976 de *Em defesa da sociedade* (2010a), nela Foucault problematiza a Biopolítica explicitando que esta se trata da estatização do biológico e se desenvolve na tecnologia de poder disciplinar e regulamentador. Na disciplinar, o que ocorre é o controle do corpo do indivíduo por meio de instituições como a escola, a prisão, os quartéis militares, os hospitais, os manicômios, nos quais o indivíduo sofre um processo de disciplinarização e de normalização de todos os aspectos de sua vida. Enquanto na tecnologia de poder regulamentadora, o controle se dá na população, com a criação do sistema previdenciário dos fundos de assistências sociais e de seguridade.

Ainda na mesma aula, Foucault mostra que no direito soberano se tinha o poder de "fazer morrer e deixar viver", pois o soberano tinha a ingerência sobre a vida e a morte dos seus súditos, porém, a partir do século XVIII no sistema capitalista, o que se vê é um novo direito, marcado pela Biopolítica em que o que vale é o poder de "fazer viver e deixar morrer", em virtude do controle sobre o corpo e a vida. De forma contraditória, no âmbito biopolítico, o poder faz morrer e deixa viver, eis que então surge a figura do racismo biológico, no qual a morte daquele considerado inferior é necessária para que eu, enquanto espécie, enquanto raça, mantenha-me pura e saudável. Aqui, a teoria da degenerescência é fundamentada pelo darwinismo social com o propósito de dar-lhe caráter científico.

Em *Segurança, território e população* (2008h), Foucault expõe o conceito de Biopoder, entendendo que se trata de um conjunto de mecanismos pelos quais as características biológicas essenciais do ser humano passam a ser geridas pela política, obedecendo a uma estratégia geral de poder. Dito de outro modo, significa que as sociedades ocidentais modernas reconsideraram o fato biológico fundamental de que o ser humano constitui uma espécie humana. São feitas contagens e estatísticas a respeito da segurança e do contágio e incidência das doenças com nível maior de morbidade. A partir disso, é definido o coeficiente de risco normal a que era exposta a população, para então se estabelecer as políticas públicas de controle do perigo.

É essa sociedade do perigo que aparece no *Nascimento da Biopolítica* (2008b), mostrando que a sociedade neoliberal é aquela em que o risco e o perigo são prementes, com maior interesse pelo noticiário do crime, além da literatura policial, as pessoas têm a sensação constante de que suas vidas estão em risco e a necessidade de políticas de segurança é justificada. Nesse sentido, o indivíduo perigoso ou degenerado deve ser excluído do corpo social, dando respaldo às situações de higienização da população.

No terceiro capítulo, discorrer-se-á sobre a Bioética, apresentando o surgimento dessa disciplina que ocorre na década de 1970. O termo "Bioética" foi cunhado pelo médico e professor de oncologia Van Rensslaer Potter, que em 1971 escreve a obra *Bioethics: bridge to the future*[2], na qual conceituava a Bioética sob um caráter mais ecológico, considerando-a

---

[2] *Bioética: ponte para o futuro*; tradução livre da autora.

"a ciência da sobrevivência". Além disso, busca-se analisar os modelos bioéticos e seus fundamentos filosóficos, finalizando com a apresentação de princípios, que servem de alicerce para o modelo principialista da Bioética, ou seja, modelo que se baseia no Relatório Belmont para a solução de conflitos ligados à Bioética. Os princípios dos quais se trata supra são o princípio da autonomia, segundo o qual o médico ou profissional da saúde deve respeitar, na medida do possível, a vontade do paciente; o princípio da beneficência, que requer a busca do bem-estar do paciente por parte do profissional da saúde; o princípio da não maleficência, em que se deve evitar o mal do indivíduo; e o princípio da justiça, que defende o tratamento igualitário entre os assistidos.

Ainda no terceiro capítulo, houve o estudo do Biodireito, considerando seu contexto histórico de formação com base no próprio histórico de construção dos Direitos Humanos. Além de analisar o Biodireito sob o parâmetro do Direito Constitucional, propiciando a existência de um Biodireito Constitucional, ou seja, aquele que propõe princípios e regras de solução de conflitos relacionados ao Biodireito e à Bioética com fulcro no texto constitucional, bem como na interpretação que dele decorre. Assim como na análise da Bioética, também são apresentados os princípios que se relacionam ao Biodireito. Ao final, são esboçadas breves críticas aos Direitos Humanos.

Por fim, no quarto capítulo, escolheu-se o tema da Eugenia que faz parte do estudo da Bioética e do Biodireito e aparece na problematização que Foucault faz da Biopolítica. Em *Microfísica do poder* (Foucault, 2008a) a Eugenia é citada como um dos métodos de assepsia do corpo social, daí porque a análise do surgimento desse movimento, que eclodiu na virada do século XIX para o século XX e se baseava em concepções científicas para justificar a diferenciação entre as pessoas e até mesmo a eliminação de algumas por critérios raciais. O estudo da Eugenia funciona aqui como o fio condutor que atravessa o debate da Bioética e do Biodireito e influencia a sociedade naquilo que será aceito a respeito dos avanços científicos e tecnológicos.

CAPÍTULO I

BIOPOLÍTICA

1.1 A desilusão da biologia: o "novo testamento" da vida

> *E disse Deus: Produzam as águas abundantemente répteis de alma vivente; e voem as aves sobre a face da expansão dos céus. E Deus criou as grandes baleias, e todo réptil de alma vivente que as águas abundantemente produziram conforme as suas espécies, e toda ave de asas conforme a sua espécie. E viu Deus que era bom. E Deus os abençoou, dizendo: Frutificai, e multiplicai-vos, e enchei as águas nos mares; e as aves se multipliquem na terra. [...] E disse Deus: Produza a terra alma vivente conforme a sua espécie; gado, e répteis, e bestas-feras da terra conforme a sua espécie. E assim foi. E fez Deus as bestas-feras da terra conforme a sua espécie, e o gado conforme a sua espécie, e todo o réptil da terra conforme a sua espécie. E viu Deus que era bom. E disse Deus: Façamos o homem à nossa imagem, conforme a nossa semelhança; e domine sobre os peixes do mar, e sobre as aves dos céus, e sobre o gado, e sobre toda a terra, e sobre todo réptil que se move sobre a terra. E criou Deus o homem à sua imagem; à imagem de Deus o criou; macho e fêmea os criou. E Deus os abençoou e Deus lhes disse: Frutificai, e multiplicai-vos, e enchei a terra, e sujeitai-a; e dominai sobre os peixes do mar, e sobre as aves dos céus, e sobre todo o animal que se move sobre a terra.*
>
> (Gênesis 1:20 a 28)

A biologia desafia o homem quando o derruba do altar do criacionismo e o faz deparar-se com possibilidades científicas a respeito do surgimento do ser humano e das demais espécies de animais. Não era sequer permitida a abertura de um cadáver para que se pudesse investigar as causas da morte[3]. A coragem de alguns abriu um caminho de descobertas

---

[3] Por razões éticas e religiosas, a partir dos anos 150 a.C., a dissecação humana foi proibida. Motivos, essencialmente, médico-legais, como averiguar a causa da morte de pessoas importantes, esclarecer a natureza da peste ou outras doenças infecciosas, fizeram com que o estudo da anatomia humana recomeçasse. Disponível em: http://www.ibamendes.com/2011/01/um-pouco-da-historia-da-anatomia.html. Acesso em: 27 nov. 2017.

que levaram à dissecação da célula, a menor parte do corpo. A Biotecnologia chegou a níveis incomensuráveis. "O saber não é feito para consolar: ele decepciona, inquieta, secciona, fere" (Foucault, 2013c, p. 267).

Um novo desafio também pode ser percebido a partir do que representou o pensamento de Michel Foucault[4], pois questiona e faz uma ruptura das concepções mais profundas e arraigadas do entendimento da sociedade a respeito de si mesma. O que se compreende sobre o saber e o conhecimento já não é o mesmo. Assim, Manoel Barros da Motta apresenta à edição brasileira de *Ditos e Escritos* (Foucault, 2013d, v. 2) um panorama sobre o que significou o trabalho de Foucault para a geração contemporânea de estudiosos da filosofia e sua aplicação na sociedade:

> Construída sob o signo do novo, a obra de Michel Foucault subverteu, transformou, modificou nossa relação com o saber e a verdade. A relação da filosofia com a razão não é mais a mesma depois da *História da loucura*. Nem podemos pensar da mesma forma o estatuto da punição em nossas sociedades. A intervenção teórico-ativa de Michel Foucault introduziu também uma mudança nas relações de poder e saber da cultura contemporânea, a partir de sua matriz ocidental na medicina, na psiquiatria, nos sistemas penais e na sexualidade. Pode-se dizer que ela colabora para efetuar uma mutação de *episteme*, para além do que alguns chamam de pós-estruturalismo ou pós-modernismo (Motta, 2013 *apud* Foucault, 2013d, p. V).

Márcio Alves da Fonseca revela que, normalmente, o trabalho de Michel Foucault é dividido em três aspectos metodológicos conhecidos

---

[4] Em nota ao *Nascimento da Biopolítica*, François Ewald e Alessandro Fontana expõem que: "Michel Foucault ensinou no *Collège de France* de janeiro de 1971 até sua morte, em junho de 1984 – com exceção de 1977, quando gozou de um ano sabático. O título da sua cadeira era: *História dos sistemas de pensamento*. Essa cadeira foi criada em 30 de novembro de 1969, por proposta de Jules Vuillemin, pela assembleia geral dos professores do *Collège de France* em substituição à cadeira de história do pensamento filosófico, que Jean Hyppolite ocupou até sua morte. A mesma assembleia elegeu Michel Foucault, no dia 12 de abril de 1970, titular da nova cadeira. Ele tinha 43 anos." (Foucault, 2008b, p. XV). Ainda na mesma nota, os comentadores, citados acima, se pronunciam a respeito da filosofia foucaultiana entendendo que: "Os cursos também tinham uma função na atualidade. O ouvinte que assistia a eles não ficava apenas cativado pelo relato que se construía semana após semana; não ficava apenas seduzido pelo rigor da exposição: também encontrava neles uma luz sobre a atualidade. A arte de Michel Foucault estava em diagonalizar a atualidade pela história. Ele podia falar de Nietzsche ou de Aristóteles, da perícia psiquiátrica no século XIX ou da pastoral cristã, mas o ouvinte sempre tirava do que ele dizia uma luz sobre o presente e sobre os acontecimentos contemporâneos. A força própria de Michel Foucault em seus cursos vinha desse sutil cruzamento entre uma fina erudição, um engajamento pessoal e um trabalho sobre o acontecimento" (Foucault, 2008b, p. XVIII).

como arqueologia, genealogia e ética. Os trabalhos relacionados à arqueologia são os marcados com as temáticas do saber e as práticas discursivas.

> Em *História da loucura* (1961), *O nascimento da clínica* (1963), e *As palavras e as coisas* (1966), Foucault escreveria, respectivamente, uma "história arqueológica" das percepções da loucura no Ocidente (da Renascença à Época moderna), uma "história arqueológica" do olhar médico (discutindo a emergência do olhar clínico, condição de possibilidade do surgimento da medicina moderna no final do século XVIII) e, por fim, uma "história arqueológica" dos saberes que constituem as ciências humanas no século XIX. Metodologicamente aparentada à Epistemologia de Gaston Bachelard e Georges Canguilhem, a arqueologia de Foucault aproxima-se de uma história conceitual das ciências, mas se diferencia desta na medida em que não tem como referencial fundamental a própria noção de "ciência", encaminhando-se progressivamente para uma análise dos "saberes" (Fonseca, 2012, p. 42).

A partir de 1970, o que se percebe é a ênfase da genealogia nos trabalhos que se seguem. As obras que surgem então são *Vigiar e punir* (Foucault, 2014) e *História da Sexualidade* (Foucault, 2015, v. 1), dentre outras, em que Foucault analisa a subjetividade moderna, como resultado de intervenções de poder. Assim Fonseca (2012, p. 43) entende que:

> As análises dos lugares institucionais, lugares em que os agenciamentos de poder se efetuam, permitiriam a Foucault desenvolver os conceitos de "poder normalizador" (disciplinas e biopoder) e de "dispositivos", sendo este último mais abrangente do que a noção de épitémè, central na história arqueológica.

A maior parte dos escritos relacionados à genealogia foram produzidos no período em que Foucault lecionava no *Collège de France*. Em 2 de dezembro de 1970, Foucault dá sua aula inaugural conhecida como *A Ordem do discurso* (Foucault, 2013a). Os cursos se seguiram nos anos seguintes, dando o tom da genealogia, que marcava seus trabalhos da época. De 1978 a 1980, Foucault tratou das temáticas do biopoder e das "artes de governar".

Quanto à terceira ênfase metodológica, chamada de ética, em que se tem *O uso dos prazeres* e *O cuidado de si*, além dos cursos do *Collège de France* de 1981 a 1984, Foucault passa a tratar das discussões sobre as "práticas de si". Nesse momento, há uma contraposição entre a formação de uma subjetividade no presente, assinalada pelos mecanismos da normalização[5], e as formas diversas de "constituição de si". O estudo do cuidado de si surge a partir da leitura das práticas morais da Antiguidade Clássica e do período helenístico.

Nesse desconstruir do saber proporcionado por Foucault, vem a pergunta: o que seu pensamento tem a contribuir para o Biodireito, notadamente no que diz respeito à Biopolítica? Ou mesmo, o que pode contribuir para o estudo da Eugenia? O que vem desconstruir? Quais são as reflexões que daí derivam? Além disso, como o Direito (Biodireito) pensado no viés do Direito de Estado ainda se aplica diante de uma realidade Biopolítica? Os estudos de Foucault problematizam os fenômenos referentes à vida, à história da biologia, da medicina e da psiquiatria, temas justamente ligados ao Biodireito e à Bioética.

Uma das temáticas muito importantes abordadas por Foucault e que diz respeito ao saber do Biodireito é o problema da medicalização:

> É importante situar no momento presente o quadro das discussões que a problematização da hereditariedade por François Jacob permite abordar. Nesse ponto, ele converge com as questões referentes à medicalização geral de nossas sociedades estudada por Michel Foucault. Essa questão é, aliás, um dos aspectos mais sérios da atualidade de Foucault, foi o que nos lembrou François Ewald no seu ensaio Foucault e a atualidade, publicado por ocasião do colóquio *L'histoire au risque de Foucault*, realizado no Centro Georges Pompidou, em 1997. Assim, a medicalização, hoje, tomou um caráter extremamente forte e desenvolvido: medicaliza-se tudo, e essa tendência vai se desenvolver numa medicalização sempre mais avançada de todas as nossas questões e todos os nossos problemas. Como ressalta Ewald, é no interior do exercício da medicina que se encontra hoje aquilo que está em questão quanto ao poder de forma grave e mais fundamental. O poder médico dispõe agora de uma

---

[5] Márcio Alves da Fonseca (2012, p. 39) esclarece que o tema da norma e da normalização em Foucault não deve ser assimilado preferencialmente no campo jurídico, mas sim no da medicina, da psiquiatria, do que se relaciona com as ciências que têm por objeto a vida. Em Foucault, a norma se reporta ao funcionamento dos organismos e aos domínios de saber e de práticas que lhes correspondem, não necessariamente às categorias formais do direito. Significa que a lei funciona cada vez mais como norma, assim como as instituições jurídicas, que se integram cada vez mais num contínuo de aparelhos (médicos, administrativos etc.) cujas funções são, sobretudo, reguladoras. Uma sociedade normalizadora é o efeito histórico de uma tecnologia de poder centrada na vida.

capacidade normativa absolutamente gigantesca. A medicina genética e suas divisões entre o normal e o anormal começam a produzir partilhas absolutamente novas. Essa questão é também levantada de forma muito precisa por François Jacob (Motta, 2013 *apud* Foucault, 2013d, p. XII).

Esses são alguns dos pontos que tangenciam as questões estudadas pelo Biodireito e que ao mesmo tempo se revelam como preocupações de Foucault: as divisões entre o normal e o anormal que a medicina genética passa a definir, bem como a problemática da medicalização da vida e que impactos pode causar ao humano.

Ainda em *Ditos e Escritos* (2013d, v. 2), Foucault abre um espaço para pensar a biologia e passa a discutir sobre as decepções que o conhecimento dessa ciência pode levar ao ser humano:

> A anatomia de Cuvier rompia a antiga cadeia dos seres e justapunha os grandes ramos. Darwin humilhava talvez o homem fazendo-o descender do macaco, mas – coisa muito mais importante – ele desapropriava o indivíduo de seus privilégios estudando as variações aleatórias de uma população ao longo do tempo. Mendel, depois os geneticistas decompunham o ser vivo em traços hereditários, conduzidos pelos cromossomos, que a reprodução sexual combina conforme probabilidades calculáveis e que apenas as mutações podem, subitamente, modificar. Enfim, a biologia molecular acaba de descobrir no núcleo da célula uma ligação, tão arbitrária quanto um código, entre ácidos nucleicos e proteínas; melhor ainda: ela localizou, na transcrição desse código, erros, esquecimentos, inversões, como mancadas ou achados involuntários de um escriba por um instante distraído (Foucault, 2013c, p. 268).

Contudo, faz-se necessário explicitar: por que enfatizar aqui o tema da biologia? Ora, este livro teve por objetivo investigar quais as possíveis relações entre o Biodireito, a Bioética e a Biopolítica em Foucault – sendo que aquele surge, principalmente, a partir das inovações na área da Biotecnologia, que nada mais é do que a tecnologia aplicada à biologia –, percebendo, então, a Eugenia como fio condutor dessas relações. A grande questão é que todas essas novidades trazidas pela pesquisa científica encerram em si problemas de natureza ética complexos, que aparecem a partir do que os cientistas são capazes de fazer com a vida humana.

Para Foucault, desde as descobertas genéticas mais iniciais, já havia alterações na maneira de o ser entender a si mesmo:

> Diz-se frequentemente que, desde Copérnico, o homem sofre por saber que ele não está mais no centro do mundo: grande decepção cosmológica. A decepção biológica e celular é de outra ordem: ela nos ensina que o descontínuo não somente nos delimita, mas nos atravessa: ela nos ensina que os dados nos governam (Foucault, 2013c, p. 268).

Ele entende que a genética faz cair por terra concepções arraigadas no ser humano de que existe uma capacidade de controlar e definir etapas no processo da vida, como se tivéssemos o condão de repassar aos descendentes a carga genética que queremos e isso propiciasse a perpetuação do ser que gera sua prole.

> Por muito tempo se acreditou que reproduzir era, para o indivíduo que "atingiu" o término de seu crescimento, um meio de se prolongar de qualquer forma para além dele mesmo e de compensar a morte, transmitindo ao futuro essa duplicação longínqua de sua forma. Cinquenta anos foram necessários para saber que o metabolismo da célula e os mecanismos de crescimento do indivíduo são comandados por um código presente no ADN do núcleo e transmitido por elementos mensageiros, para saber que a pequena usina química de uma bactéria está destinada a produzir uma segunda, para saber que as mais complexas formas de organização (com a sexualidade, a morte, sua companheira, os signos e a linguagem, seus longínquos efeitos) não passam de desvios para assegurar ainda e sempre a reprodução (Foucault, 2013c, p. 268-269).

Foucault entende que o ser humano é um sistema hereditário, e que as etapas do processo de vida: sexualidade, nascimento e morte são formas veladas de transmitir a hereditariedade. Com isso:

> A velha lei prescrevia: Crescei e multiplicai-vos, como se ela deixasse entender que a multiplicação vem depois do crescimento e para prolongá-lo. O Novíssimo Testamento da biologia diz de preferência: Multiplicai, multiplicai: vocês acabarão crescendo, como espécie e como indivíduos; a sexualidade, a morte, dóceis, os ajudarão (Foucault, 2013c, p. 269).

A reprodução passa a ser a necessidade primeira do indivíduo; que o antecede e que continua depois dele. O ser vivo é um sistema hereditário e a genética tornou-se a tecnologia de ponta na área da biologia. Com o desenvolvimento desse conhecimento veio a engenharia genética.

Aqui se ressalta o peso que Georges Canguilhem teve sobre Foucault, com seus estudos a respeito das ciências da vida:

> O que interessava nos estudos de Canguilhem nos problemas das ciências da vida era mostrar o homem como ser vivo que se punha em questão nessa experiência. Construindo as ciências da vida e constituindo um certo saber, o homem modificava-se como ser vivo, na medida em que, constituindo-se como sujeito racional, podia agir sobre si mesmo, mudar suas condições de vida e a própria vida. Foucault vê nas análises de Canguilhem da construção da biologia o aspecto recíproco de uma inclusão das ciências da vida na história geral da espécie humana. Michel Foucault ressalta aqui, nessa consideração de Canguilhem, aspectos extremamente importantes, que reconhecia ter um parentesco com Nietzsche (Motta, 2013 *apud* Foucault, 2013d, p. XXII).

Esse parentesco com Nietzsche se daria sob dois aspectos:

> De um lado, os discursos sobre as experiências-limites e o discurso sobre a transformação do próprio sujeito pela constituição de um saber sobre a vida. A questão das doenças, da morte, do monstro, da anomalia, do erro na biologia tem uma visada completamente diversa dos domínios físico-químicos: é que a patologia foi o ponto a partir do qual pôde se constituir uma ciência do vivo. (Motta, 2013 *apud* Foucault, 2013d, p. XXII).

Assim, refletindo sobre a questão da anomalia:

> A oposição do verdadeiro e do falso, diz Foucault, os valores que são atribuídos a um e a outro, os efeitos de poder que as diferentes sociedades e instituições associam a essa partilha, tudo isso talvez seja apenas a resposta mais tardia a essa possibilidade de erro intrínseca à vida. Ao construir a história da ciência como descontínua, ou seja, se ela só pode ser analisada como uma série de correções, como uma nova distribuição que nunca libera finalmente e para sempre o momento terminal da verdade, é que, diz Foucault, ainda ali o erro constitui não o esquecimento ou o atraso da realização prometida, mas a dimensão peculiar da vida dos homens e indispensável ao tempo da espécie. (Motta, 2013 *apud* Foucault, 2013d, p. XXII).

Nesse sentido, parece que o erro e a anomalia fazem parte da dimensão do que é humano. Portanto, não algo a ser corrigido, mas algo a ser incluído.

Manuel Barros da Motta, como mencionado, citando Jacob, ainda trata de como os avanços na biologia, na década de 1970, criaram situações de questionamento a respeito do que os cientistas são capazes de fazer na área da genética:

> Em pouco tempo, entretanto, a situação dos que tentavam olhar, fazer experimentos, análises e estudos vai mudar radicalmente, em 1975. É verdade que o estatuto da biologia, tendo em vista sua relação com o vivo, sempre se caracterizou no que diz respeito à experimentação por um aspecto ativo e que concernia sempre a nós também como seres vivos, como ressaltou George Canguilhem. Mas a situação com que deparavam os biólogos na década de 1970 era nova na perspectiva de Jacob. Diz ele que nos apercebemos, com um semi-horror, que não apenas se podia olhar, mas também que se podia intervir e manipular. Um marco do momento do qual emergiu essa nova perspectiva foi a reunião, na costa oeste dos Estados Unidos, de Asilomar, onde se disse: podemos modificar os seres vivos, podemos acrescentar genes, retirá-los, atenção a não fazer besteiras, detenhamo-nos. O resultado foi uma parada das pesquisas durante um ano que levou a precauções, regras mais ou menos duras. Jacob situa essa conjuntura como de pânico que se espalhara na opinião pública. Lembra que esse estado não era novo: Pasteur já deparara com ele com a introdução das vacinas contra raiva. No entanto, o quadro atual tinha outro caráter, e Jacob figura que ele poderia ser sintetizado na fórmula: Eles são loucos, eles vão fabricar monstros, vamos na direção de catástrofes tenebrosas. Depois de um ano, as experiências recomeçaram, mais prudentes, e nada de horrível aconteceu; e um movimento novo ressurgiu (Motta, 2013 *apud* Foucault, 2013d, p. XIII).

Jacob entende que não se deve fazer alarde em torno do que a engenharia genética pode proporcionar; contudo, de 1970 para 2024, muita coisa mudou e os questionamentos éticos continuam[6]. Jacob faz algu-

---

[6] Jacob resume assim o que se passou em 1975: "é possível modificar os seres vivos intervindo em sua estrutura genética. [...] Assim, pode-se retirar um gene de qualquer organismo estudando sua estrutura, pode-se estabelecer sua sequência e acrescentá-lo a um outro organismo. Jacob cita vários exemplos possíveis: tomar um gene do homem e colocá-lo numa mosca, num rato ou num colibacilo de maneira a estudar a estrutura e o funcionamento desse gene. Quando esse princípio é adquirido, as possibilidades se abrem de forma extremamente ampla e, diz Jacob, é possível fazer um pouco qualquer coisa, sendo isso que conduz às técnicas e aos problemas que inundam o noticiário hoje" (Motta, 2013 *apud* Foucault, 2013d, p. XIV).

mas referências aos organismos geneticamente modificados (OGM) ou transgênicos[7]:

> Trata-se de tomar um gene de um organismo qualquer e ajuntá-lo a um outro organismo, quer seja planta, animal, inseto ou bacilo. Para um estudo do câncer, colocam-se genes que são implicados no câncer humano em ratos e estudam-se também, diz Jacob, os genes que governam os fatores de crescimento, ou ainda os hormônios. Faz-se isso do ponto de vista experimental nos animais e também nas moscas. Também se opera assim com os vegetais para melhorá-los, torná-los resistentes aos herbicidas. Jacob cita ainda o caso da experimentação com o gene humano que fabrica a insulina: ele pode ser colocado numa planta, que pode fabricá-la, e que torna muito fácil recolhê-la e purificá-la de forma mais simples do que pesquisando nos animais. (Motta, 2013 *apud* Foucault, 2013d, p. XIV).

Dessa forma, Jacob (Motta, 2013 *apud* Foucault, 2013d, p. XIV) defende o uso das plantas modificadas e entende que o grande problema está no público, que a população estivesse criando um verdadeiro pânico em torno dos avanços científicos na área da genética. Contudo, a problemática dos organismos geneticamente modificados é que não se sabe ao certo as consequências que o seu consumo pode causar à saúde das pessoas, e mesmo antes de haver essa certeza eles foram liberados para consumo humano.

Assim, Jacob (Motta, 2013 *apud* Foucault, 2013d, p. XV) acredita que há um clima de esperança e de temor com relação aos avanços da biologia, até mesmo concepções "fantasmáticas" que inspiram medo. Ele entende que talvez as questões comerciais que envolvem grandes laboratórios[8] nas pesquisas da tecnologia nessa área explicassem a reação negativa do público à Biotecnologia.

Além disso, Motta (2013 *apud* Foucault, 2013d, p. XV) destaca o que Jacob trata sobre o caso da clonagem terapêutica e a clonagem reprodu-

---

[7] Organismos Geneticamente Modificados ou Transgênicos são entes biológicos que por meio de técnica de engenharia genética possuem material genético modificado. A engenharia genética age no organismo acrescentando moléculas de ADN ou ARN recombinante de outro organismo; suprimindo material genético; ou alterando a sequência molecular desse material.

[8] Um exemplo que Jacob dá é de empresas grandes como a Monsanto que: "não recuam diante de coisas muito desagradáveis, como essa mutação que se chama Terminator, que produz plantas que não dão sementes, o que faz que com cada ano se seja obrigado a comprar sementes" (Motta, 2013 *apud* Foucault, 2013d, p. XV).

tiva[9]. Quanto à clonagem reprodutiva, referindo-se ao caso da ovelha Dolly, é ressaltada a reação de horror que as autoridades tiveram com relação às tentativas de clonagem que fracassaram em porcos e ratos: os chefes de Estado disseram que se tratava de uma vergonha, e que não seria permitida[10]. Já no que tange à clonagem terapêutica, Jacob vê certa utilidade, principalmente, no que se refere à cura de doenças, aí vem a pergunta de Motta (2013 *apud* Foucault, 2013d, p. XV): "Questões éticas então surgem: tem-se direito de se fazer experiências com um embrião; podemos manipulá-lo, ou não?".

[9] É preciso que se estabeleça a diferença entre clonagem reprodutiva e clonagem terapêutica, no caso da clonagem reprodutiva em humanos seria: "retirar-se o núcleo de uma célula somática, que, teoricamente, poderia ser de qualquer tecido de uma criança ou adulto, inseri-lo em um óvulo e implantá-lo em um útero (que funcionaria como barriga de aluguel). Se esse óvulo se desenvolver, teremos um novo ser com as mesmas características físicas da criança ou adulto de quem foi retirada a célula somática. Seria como um gêmeo idêntico nascido posteriormente. A finalidade da técnica seria permitir, por exemplo, que casais inférteis pudessem ter filhos. A tecnologia é uma alternativa às propostas disponíveis de fertilização assistida medicamente, as quais são dolorosas, estressantes, de ínfimo resultado – estimado em não mais de 10% – e de alto custo" (Namba, 2009, p. 63). Enquanto a clonagem terapêutica: "é a técnica que consiste na remoção do núcleo de um ovo doado que é reprogramado com uma pequena porção de material genético do receptor. Em vez de se colocar o óvulo no útero, óvulo cujo núcleo foi substituído pelo de uma célula somática, é permitido que ele se divida no laboratório, havendo a possibilidade de se usar essas células – que, na fase de blastocisto são pluripotentes – para fabricar diferentes tecidos. Isso abrirá perspectivas promissoras para futuros tratamentos, porque hoje só se conseguem cultivar em laboratório células com as mesmas características do tecido do qual foram retiradas. Na clonagem para fins terapêuticos, serão gerados só tecidos, em laboratório, sem implantação no útero" (Namba, 2009, p. 63).
Outro conceito que cabe ser mencionado é o de células-tronco pluripotentes que: "presentes nos estágios iniciais do desenvolvimento embrionário, podem gerar todos os tipos de célula no feto e no adulto e são capazes de auto-renovação, no entanto, não são capazes de se desenvolver em organismo completo, isto é, não dão origem a um embrião, nem tampouco aos anexos embrionários. A pluripotência é a capacidade funcional que uma célula tem de gerar várias linhagens celulares e tecidos diferentes" (Rocha, 2008, p. 42).
[10] A hostilidade que os chefes de estado mostraram com relação à clonagem reprodutiva de animais se deve ao fato de que as experiências feitas em laboratório para a clonagem da ovelha Dolly foram antecedidas por várias tentativas em que muitos animais foram mortos e houve a criação de quimeras: "As primeiras experiências foram feitas, em 1962, por Gurdon, com sapos, retirando-se o núcleo do óvulo de uma célula do intestino de um girino, para obter embriões de sapo. Na década de 80 tentou-se, em Houston, inseminar vacas com embriões clonados, mas sem sucesso. Interrompeu-se a pesquisa porque um a cada cinco bezerros era maior do que o normal e um a cada vinte era gigante. Outras tentativas foram feitas com animais, mas o resultado foi a produção de monstros genéticos, que não conseguiram sobreviver. A primeira clonagem bem-sucedida de um mamífero ocorreu em 1988, com uma rata, por obra dos cientistas Karl Illmensee e Peter Hoppe, que extraíram o núcleo de uma célula embrionária de uma rata cinzenta, introduzindo-o numa célula-ovo previamente desnucleada de uma rata preta. Esse zigoto modificado foi transferido para o útero de uma rata branca, dando origem a três ratinhas cinzentas, idênticas ao embrião que doou o núcleo. Esta técnica de Illmensee e Hoppe seria mais um transplante de núcleo do que uma autêntica clonagem, pois esta deveria consistir na reprodução de um organismo completo a partir do núcleo de qualquer célula somática, e não de uma célula embrionária indiferenciada. [...] Até a criação de Dolly pela equipe do embriologista Ian Wilmut, do Instituto Roslin, situado em Edinburgo (Escócia), após 277 tentativas, ainda não se tinha conseguido, de forma assexuada e artificialmente, uma cópia idêntica de um mamífero adulto (ovino) usando o núcleo, ou carga genética, de uma célula somática (célula mamária de uma ovelha) e sem participação de gameta masculino ou espermatozoide" (Diniz, 2014, p. 638-639).

Motta (2013 *apud* Foucault, 2013d, p. XVI) destaca ainda, na visão de Jacob sobre a reação do público, os diferentes motivos pelos quais as pessoas se angustiam, pois, enquanto o público tem entendimentos fantasmáticos a respeito da engenharia genética, esse mesmo público não se incomoda com as técnicas de reprodução humana assistida, em que se dá à luz a bebês muito prematuros e se chega a introduzir até quatro óvulos no útero da mulher.

É interessante também o que se diz sobre doenças descobertas no feto:

> Diz Jacob: Se a ideia da morte é suportável, é que se ignora totalmente quando e como ela deve sobrevir. Que será a vida, que será a medicina quando se tornar possível no início de uma existência prever as ameaças que pesam sobre ela a partir de seu interior? (Motta, 2013 *apud* Foucault, 2013d, p. XVII).

Assim, Motta complementa, observando o pensamento de Jacob sobre questões delicadas como a eutanásia e o aborto: "Se cada um pudesse dispor de informações objetivas, poder-se-ia então decidir em função de sua cultura, de sua religião, de suas crenças" (Motta, 2013 *apud* Foucault, 2013d, p. XVII).

Questões relacionadas ao início e ao fim da vida, como o aborto e a eutanásia, são o ponto alto da discussão do Biodireito e da Bioética, que serão devidamente retomadas ao longo deste texto.

1.2 O nascimento da medicina social

Como esta pesquisa tem por objetivo investigar a Biopolítica, percebe-se que o nascimento da medicina social bem como a temática do saber da biologia, relatada anteriormente, preparam terreno para o surgimento da temática da Biopolítica.

Dessa forma, em *Microfísica do poder* (2008a), Michel Foucault analisa em uma conferência o nascimento da medicina social; para tanto, Foucault se debruça sobre a medicina moderna, que surge em fins do século XVIII, com o aparecimento da anatomia patológica. Assim, o filósofo francês defende a tese de que a medicina moderna é uma medicina social e que tem como pano de fundo certa tecnologia do corpo social; sendo que, para ele, a medicina só será individualista em um de seus aspectos e valorizará as relações médico-paciente.

É nessa conferência que pela primeira vez Foucault utiliza o termo "Biopolítica":

> Minha hipótese é que com o capitalismo não se deu a passagem de uma medicina coletiva para uma medicina privada, mas justamente o contrário; que o capitalismo, desenvolvendo-se em fins do século XVIII e início do século XIX, socializou um primeiro objeto que foi o corpo enquanto força de produção, força de trabalho. O controle da sociedade sobre os indivíduos não se opera simplesmente pela consciência ou pela ideologia, mas começa no corpo, com o corpo. Foi no biológico, no somático, no corporal que, antes de tudo, investiu a sociedade capitalista. O corpo é uma realidade bio-política. A medicina é uma estratégia bio-política (Foucault, 2008e, p. 80).

A tese de Foucault sobre a Biopolítica baseia-se na ideia do controle do corpo pela sociedade capitalista. Ainda em *Microfísica do Poder*, respondendo a uma entrevista, Foucault (2008g, p. 145) explicita que na república não há um corpo, como na monarquia em que há o corpo do rei. Contudo, no século XIX, é o corpo da sociedade que se torna o novo princípio. O corpo da sociedade passa a ser protegido de um modo quase médico, assim, procura-se a eliminação dos doentes, o controle dos contagiosos e a exclusão dos delinquentes. Além da aplicação dos métodos de assepsia, como, por exemplo, a criminologia, a eugenia e a exclusão dos ditos degenerados.

Ele critica a ideia universalista de que um corpo social é formado pela universalidade das vontades, pois não seria o consenso que cria o corpo social, mas sim a materialidade do poder que se exerce sobre o próprio corpo dos indivíduos. Com isso, Foucault defende a ideia de que houve um investimento do corpo pelo poder, que se daria por elementos como os treinos físicos, os exercícios, a musculação, a nudez, a exaltação do corpo belo, o que levaria ao desejo de seu próprio corpo, o que exigiria um trabalho insistente e meticuloso, o qual o poder exerceu sobre o corpo das crianças, dos soldados e sobre o corpo sadio.

Um dos exemplos que Foucault dá a respeito do controle sobre o corpo é o do autoerotismo. Houve um controle sobre a masturbação das crianças, uma vigilância e perseguição dos corpos, o que produziu a ativação dos desejos de cada um por seu próprio corpo.

> O corpo se tornou aquilo que está em jogo numa luta entre os filhos e os pais, entre a criança e as instâncias de controle. A revolta do corpo sexual é o contra-efeito desta ofensiva. Como é que o poder responde? Através de uma exploração econômica (e talvez ideológica) da erotização, desde os produtos para bronzear até os filmes pornográficos... Como resposta à revolta do corpo, encontramos um novo investimento que não tem mais a forma de controle-repressão, mas de controle-estimulação: "Fique nu... mas seja magro, bonito, bronzeado!" A cada movimento de um dos dois adversários corresponde o movimento do outro. Mas não é uma "recuperação" no sentido em que falam os esquerdistas. É preciso aceitar o indefinido da luta... O que não quer dizer que ela não acabará um dia (Foucault, 2008g, p. 147).

Nesse propósito, a medicina funciona como um ponto estratégico no controle do corpo. A partir de então, Foucault estabelece três etapas na formação da medicina social:

A medicina de Estado: que se desenvolveu, principalmente, na Alemanha no início do século XVIII, por meio da Ciência de Estado (*Staatswissenchaft*), caracterizava-se por duas situações, primeiro um conhecimento que tem por objeto o Estado, que envolve, além das informações sobre os recursos naturais de uma sociedade e o estado de sua população, também o funcionamento geral de seu aparelho político. Em segundo lugar, a expressão Ciência de Estado significa também o conjunto de artifícios pelos quais o Estado desenvolveu conhecimentos para melhor garantir seu funcionamento.

Contudo, antes de continuar o tema da Medicina de Estado que se desenvolveu na Alemanha, vale fazer um retorno ao fim do século XVI e início do século XVII, que foi um período político e econômico marcado pelo mercantilismo:

> O mercantilismo não sendo simplesmente uma teoria econômica, mas, também, uma prática política que consiste em controlar os fluxos monetários entre as nações, os fluxos de mercadorias correlatos e a atividade produtora da população. A política mercantilista consiste essencialmente em majorar a produção da população, a quantidade de população ativa, a produção de cada indivíduo ativo e, a partir daí, estabelecer fluxos comerciais que possibilitem a entrada no Estado da maior quantidade de população ativa, a produção de cada indivíduo ativo e, a partir daí,

> estabelecer fluxos comerciais que possibilitem a entrada no Estado da maior quantidade possível de moeda, graças a que se poderá pagar os exércitos e tudo o que assegure a força real de um Estado com relação aos outros (Foucault, 2008e, p. 82).

Nesse sentido foi, justamente, que as nações da época, como França, Inglaterra e Áustria, passaram a calcular a força ativa de suas populações. Havia, no período do mercantilismo, no mundo europeu, uma preocupação geral com o estado de saúde da população. Desse modo, se estabelecem na França estatísticas de nascimento e mortalidade, e na Inglaterra, no século XVII, contabilidades da população. Assim, o que se tinha eram as tabelas de natalidade e mortalidade, índice da saúde da população, além do objetivo de aumentar a população.

Entretanto, o que ocorreu na Alemanha foi diferente, porque lá se desenvolveu uma prática médica, efetivamente centrada no progresso do nível de saúde da população.

> Rau, Franck e Daniel, por exemplo, propuseram entre 1750 e 1770, programas efetivos de melhoria da saúde da população, o que se chamou, pela primeira vez, política médica de um Estado. A noção de *Medizinichepolizei*, polícia médica, foi criada em 1764 por W.T. Rau e trata de algo diferente de uma contabilidade de mortalidade ou natalidade (Foucault, 2008e, p. 83).

Essa polícia médica, que se inicia na Alemanha no final do século XVIII, versava primeiro, em uma observação minuciosa da morbidade, que era feita por meio da contagem pedida a hospitais e médicos de diferentes cidades e regiões, além do registro de fenômenos epidêmicos e endêmicos que ocorriam. Em segundo lugar, a polícia médica consistia, ainda, em um fenômeno de normalização da prática e do saber médicos. Assim, o que se buscou fazer na época foi um controle por parte do Estado, das universidades e da própria corporação dos médicos, de como seria o ensino médico e a atribuição dos diplomas. Para Foucault, o médico foi o primeiro indivíduo normalizado na Alemanha.

Além disso, foi criada uma organização administrativa a fim de controlar a atividade dos médicos. Esse departamento especializado tinha por função acumular as informações transmitidas pelos médicos; observar o esquadrinhamento[11] médico da população; verificar os tratamentos dados aos pacientes; as reações diante de doenças epidêmicas e, a partir de então, emitir ordens em função dessas informações.

Finalmente, na composição da Medicina de Estado ou da polícia médica, aparece a figura do médico como administrador de saúde, que era nomeado pelo governo e exercia a autoridade de seu saber sobre uma região que controlava. Aqui cabe uma observação feita por Foucault (2008e, p. 85):

> Essa medicina de Estado que aparece de maneira bastante precoce, antes mesmo da formação da grande medicina científica de Morgani e Bichat, não tem, de modo algum, por objeto a formação de uma força de trabalho adaptada às necessidades das indústrias que se desenvolviam neste momento. Não é o corpo que trabalha, o corpo do proletário que é assumido por essa administração estatal da saúde, mas o próprio corpo dos indivíduos enquanto constituem globalmente o Estado: é a força, não do trabalho, mas estatal, a força do Estado em seus conflitos, econômicos, certamente, mas igualmente políticos, com seus vizinhos. É essa força estatal que a medicina deve aperfeiçoar e desenvolver. Há uma espécie de solidariedade econômico-política nesta preocupação da medicina de Estado. Seria, portanto, falso ligar isto ao cuidado imediato de obter uma força de trabalho disponível e válida.

Nessa primeira etapa da formação da medicina social, Foucault não reconhece uma função Biopolítica da medicina, ele entende que a força de trabalho que se formava na Alemanha não tinha por objetivo ser adaptada às fábricas que surgiam à época. Posteriormente, Foucault reforça a sua tese proposta no início, de que a medicina moderna é uma medicina social:

> O exemplo da Alemanha é igualmente importante por mostrar como, de maneira paradoxal, se encontra, no início da medicina moderna, o máximo de estatização. Desde esses projetos que foram realizados em grande parte no final do século XVIII e começo do século XIX, desde a medicina de Estado alemã, nenhum Estado ousou propor uma medicina tão nitidamente funcionarizada, coletivizada, estatizada quanto a Alemanha desta época. Vê-se, por conseguinte, que não se passou de uma medicina individual a uma medicina

---

[11] O próprio Foucault faz uso desse termo "esquadrinhamento" para explicitar o quão minucioso era esse processo de observação médica da população.

pouco a pouco e cada vez mais estatizada, socializada. O que se encontra antes da grande medicina clínica, do século XIX, é uma medicina estatizada ao máximo. Os outros modelos de medicina social, dos séculos XVIII e XIX, são atenuações desse modelo profundamente estatal e administrativo já apresentado na Alemanha (Foucault, 2008e, p. 84-85).

Desse modo, o que se percebe é que, na Alemanha do século XVIII, ainda que não houvesse uma preocupação em adaptar o operário às fábricas, a medicina estatizada que se desenvolvia à época teve grande influência sobre os outros modelos de medicina social dos séculos XVIII e XIX.

A medicina urbana: foi o segundo acontecimento que propiciou a formação da medicina social. Ocorrido em fins do século XVIII na França, esse segundo tipo de medicina social caracterizava-se pelo fenômeno da urbanização. Com a formação da cidade, surge junto a ela um grande medo e angústia por parte daqueles que nela moram. Medo em razão da acumulação de pessoas, pelas casas altas demais, das epidemias urbanas, do crescente número de cemitérios, dos esgotos, das caves[12] onde se construíam as casas em situação de risco.

Foucault dá um exemplo bastante ilustrativo da situação das cidades da época, nesse caso, Paris:

> Tem-se, assim, certo número de pequenos pânicos que atravessaram a vida urbana das grandes cidades do século XVIII, especialmente de Paris. Darei o exemplo do "Cemitério dos Inocentes" que existia no centro de Paris, onde eram jogados, uns sobre os outros, os cadáveres das pessoas que não eram bastante ricas ou notáveis para merecer ou poder pagar um túmulo individual. O amontoamento no interior do cemitério era tal que os cadáveres se empilhavam acima do muro do claustro e caíam do lado de fora. Em torno do claustro, onde tinham sido construídas casas, a pressão devido ao amontoamento de cadáveres foi tão grande que as casas desmoronaram e os esqueletos se espalharam em suas *caves* provocando pânico e talvez mesmo doenças. Em todo caso, no espírito das pessoas da época, a infecção causada pelo cemitério era tão forte que, segundo elas, por causa da proximidade dos mortos, o leite talhava imediatamente, a água apodrecia, etc. Este pânico urbano é característico deste cuidado, desta inquietude político-sanitária que se

---

[12] Cave: compartimento de uma casa abaixo do nível da rua; subterrâneo. Disponível em: https://www.infopedia.pt/dicionarios/lingua-portuguesa/cave. Acesso em: 7 out. 2016.

forma à medida em que se desenvolve o tecido urbano (Foucault, 2008e, p. 87).

A burguesia, extremamente incomodada com tal situação, instaura o modelo médico e político da quarentena. Assim, desde o fim da Idade Média, existia na Europa uma espécie de regulamento de urgência[13] que era aplicado a uma cidade sempre que aparecesse a peste ou outro tipo de doença epidêmica grave.

A história do ocidente foi marcada por dois modelos de organização médica: o modelo que resultou do problema da lepra e o modelo utilizado para controlar a peste. Foucault explicita, detalhadamente, o que significavam esses modelos:

> Na Idade Média, o leproso era alguém que, logo que descoberto, era expulso do espaço comum, posto fora dos muros da cidade, exilado em um lugar confuso onde ia misturar sua lepra à lepra dos outros. O mecanismo da exclusão era o mecanismo do exílio, da purificação do espaço urbano. Medicalizar alguém era mandá-lo para fora e, por conseguinte, purificar os outros. A medicina era uma medicina de exclusão. O próprio internamento dos loucos, malfeitores, etc., em meados do século XVII, obedece ainda a esse esquema. Em compensação, existe um outro grande esquema político-médico que foi estabelecido, não mais contra a lepra, mas contra a peste. Neste caso, a medicina não exclui, não expulsa em uma região negra e confusa. O poder político da medicina consiste em distribuir os indivíduos uns ao lado dos outros, isolá-los, individualizá-los, vigiá-los um a um, constatar o estado de saúde de cada um, ver se está vivo ou morto e fixar, assim, a sociedade em um espaço esquadrinhado, dividido, inspecionado, percorrido por um olhar permanente e controlado por um registro, tanto quanto possível completo, de todos os fenômenos (Foucault, 2008e, p. 88-89).

---

[13] O regulamento funcionava da seguinte maneira: todas as pessoas deveriam permanecer em suas casas, ninguém se movimentava, para que a população fosse localizada em um só lugar. Além disso, a cidade era dividida em bairros, em que cada um tinha um chefe responsável por vigiar se alguém havia saído de seu lugar; essa observação era feita pelos vigias de rua, que deveriam fazer relatórios aos prefeitos das cidades, registrando tudo que houvesse percebido; os inspetores eram responsáveis, ainda, por passar toda a população da cidade em revista, eles chamavam cada indivíduo para que se apresentasse na janela, caso não aparecessem, significava que estavam doentes ou mortos, se doentes eram retirados da cidade e levados para uma enfermaria especial; para finalizar, era feita a desinfecção em todas as casas com a queima de perfumes.

Sendo assim, no período da hanseníase a exclusão era feita por meio da expulsão do indivíduo da cidade; já no período da peste, a exclusão se dava com o esquadrinhamento, em que o doente estava sob constante vigilância para que não contaminasse o restante da população. Porém, em ambos os casos se dava a exclusão.

Com isso, Foucault (2008e, p. 89) analisa que:

> A medicina urbana com seus métodos de vigilância, de hospitalização, etc., não é mais do que um aperfeiçoamento, na segunda metade do século XVIII, do esquema político-médico da quarentena que tinha sido realizado no final da Idade Média, nos séculos XVI e XVII. A higiene pública é uma variação sofisticada do tema da quarentena e é daí que provém a grande medicina urbana que aparece na segunda metade do século XVIII e se desenvolve sobretudo na França.

A medicina urbana apresentava três principais objetivos. Em primeiro lugar, verificar lugares onde houvesse acúmulo e amontoamento no espaço urbano, que pudessem provocar ou disseminar doenças. Além disso, outro objetivo ligado à medicina urbana é o controle da circulação, não de pessoas, mas de água e ar. Havia uma crença no século XVIII de que o ar podia veicular miasmas, ou que a qualidade do ar (frio, quente, seco ou úmido) ou mesmo que a própria ação mecânica do ar influíam sobre os organismos. Foi desse modo que se decidiu por abrir grandes avenidas no espaço urbano.

Por fim, há um terceiro objetivo na medicina urbana que é a organização do que Foucault chamava de distribuições e sequências:

> Onde colocar os diferentes elementos necessários à vida comum da cidade? É o problema da posição recíproca das fontes e dos esgotos ou dos barcos-bombeadores e dos barcos-lavanderia. Como evitar que se aspire água de esgoto nas fontes onde se vai buscar água de beber; como evitar que o barco-bombeador, que traz água de beber para a população, não aspire água suja pelas lavanderias vizinhas? Essa desordem foi considerada, na segunda metade do século XVIII, responsável pelas principais doenças epidêmicas das cidades. Daí a elaboração do 1º plano hidrográfico de Paris, em 1742, intitulado *Exposé d'un plan hidrographique de la vile de Paris*, primeira pesquisa sobre os lugares em que se pode dragar água que não tenha sido suja pelos esgotos e sobre polícia da vida fluvial. De tal modo que em 1789,

quando começa a Revolução Francesa, a cidade de Paris já tinha sido esquadrinhada por uma polícia médica urbana que tinha estabelecido o fio diretor do que uma verdadeira organização de saúde da cidade deveria realizar (Foucault, 2008e, p. 91).

Entretanto, parecia existir um limite à medicina da época, que era a propriedade privada. A polícia médica interferiu nos espaços comuns, nos lugares de circulação, nos cemitérios, nos ossuários, nos matadouros, contudo na propriedade privada não houve influência. Isso porque a burguesia, ainda que pretendesse o controle da cidade, não poderia se colocar contra a propriedade, pois era algo que reivindicava para si.

Foucault entende que a medicina urbana, surgida na França, está longe da medicina de Estado que se estabelece na Alemanha, pois se tratava de uma medicina mais próxima das cidades, dos bairros, sem instrumentos específicos de poder. O que fazia com que a força do Estado sobre a população, por meio da medicina, perdesse a intensidade era o princípio da propriedade privada. Contudo, essa medicina urbana do século XVIII na França influenciou em grande parte a medicina científica do século XIX.

A medicina da força de trabalho: a terceira etapa na formação da medicina social se dá por meio do exemplo inglês. Assim, os objetivos da medicalização foram em primeira instância o Estado, em seguida a cidade e, finalmente, os pobres[14] e trabalhadores.

Entretanto, é na Inglaterra, berço da Revolução Industrial, e, portanto, da formação do proletariado, que surge com mais rapidez uma nova forma de medicina social.

É essencialmente na *Lei dos pobres* que a medicina inglesa começa a tornar-se social, na medida em que o conjunto dessa legislação comportava um controle médico do pobre. A partir do momento em que o pobre se beneficia do sistema

---

[14] Para Foucault, no segundo terço do século XIX, o pobre passou a representar perigo. A primeira razão foi política, isso porque com a Revolução Francesa e as agitações sociais que ocorriam na Inglaterra, a população pobre tornou-se capaz de participar de revoltas. Uma segunda razão foi o fato de que se criou, por exemplo, um sistema postal e um sistema de carregadores, o que fez com que se perdessem muitos postos de trabalho, tendo por consequência revolta na população mais pobre. Uma terceira razão, ainda mais impactante, se deu a partir da cólera de 1832. Com a propagação da doença que começou em Paris e se espalhou pela Europa, a população proletária ficou assustada com problemas sanitários. Esse medo propiciou a divisão entre espaços pobres e ricos, pois a convivência de pobres e ricos em um mesmo lugar foi considerado um perigo político e sanitário para a cidade. Nesse momento, houve a interferência do poder político sobre o direito da propriedade privada, havendo, assim, uma grande redistribuição do espaço urbano parisiense no II Império Francês, com a criação de bairros pobres e ricos, bem como habitações pobres e ricas.

> de assistência, deve, por isso mesmo, se submeter a vários controles médicos. Com a *Lei dos Pobres* aparece, de maneira ambígua, algo importante na história da medicina social: a ideia de uma assistência controlada, de uma intervenção médica que é tanto uma maneira de ajudar os mais pobres a satisfazer suas necessidades de saúde, sua pobreza, não permitindo que o façam por si mesmos, quanto um controle pelo qual as classes ricas ou seus representantes no governo asseguram a saúde das classes pobres e, por conseguinte, a proteção das classes ricas. Um cordão sanitário autoritário é estendido no interior das cidades entre ricos e pobres: os pobres encontrando a possibilidade de se tratarem gratuitamente ou sem grande despesa e os ricos garantindo não serem vítimas de fenômenos epidêmicos originários da classe pobre (Foucault, 2008e, p. 95).

É importante notar o cuidado da burguesia para garantir sua própria segurança. A legislação médica, que fazia parte da Lei dos pobres, foi um processo que deu início a um sistema muito mais complexo que se desenvolveria a partir de 1870. Eram os sistemas de *health service* e *health officers* que tinham por objetivo: a) a vacinação compulsória de toda a população; b) a obrigação de cada indivíduo declarar se tivesse alguma doença perigosa, propiciando o registro de possíveis epidemias; e c) acabar com lugares que pudessem representar focos de insalubridade. O que se pode perceber é que enquanto a Lei dos pobres estava diretamente voltada para as pessoas de renda baixa, os sistemas referidos supra envolviam toda a população, e faziam ainda com que os médicos não dispensassem somente cuidados individuais, mas para a população em geral, bem como medidas preventivas em relação às cidades e aos espaços públicos.

Portanto, os programas de saúde tinham por função um claro controle sobre a população mais pobre. A população reagiu violentamente a esse controle. Com isso, Foucault (2008e, p. 96) revela:

> Essas resistências médicas foram indicadas por Mckeown em uma série de artigos na revista *Public Law*, em 1967. Creio que seria interessante analisar, não somente na Inglaterra, mas em diversos países do mundo, como essa medicina, organizada em forma de controle da população pobre, suscitou resistências. É, por exemplo, curioso constatar que os grupos de dissidência religiosa, tão numerosos nos países anglo-saxões, de religião protestante, tinham essencialmente por objetivo, nos séculos XVII e XVIII, lutar contra

a religião de Estado e a intervenção do Estado em matéria religiosa. Ora, o que reaparece, no século XIX, são grupos de dissidência religiosa, de diferentes formas, em diversos países, que têm agora por objetivo lutar contra a medicalização, reivindicar o direito das pessoas não passarem pela medicina oficial, o direito sobre seu próprio corpo, o direito de viver, de estar doente, de se curar e morrer como quiserem. Esse desejo de escapar da medicalização autoritária é um dos temas que marcaram vários grupos aparentemente religiosos, com vida intensa no final do século XIX e ainda hoje.

Nos países católicos, no entanto, não ocorreu o mesmo. Para Foucault, as peregrinações religiosas seriam uma forma difusa de resistir à medicalização autoritária dos corpos, isso porque, quando a população mais humilde faz promessas religiosas para alcançar a cura, bem como realiza caminhadas sacrificantes diante de um milagre obtido, seria uma maneira de não se submeter ao diagnóstico médico, por vezes definitivo, quanto às chances de não recuperação de alguma pessoa doente.

Portanto, Foucault (2008e, p. 97) conclui que:

> De maneira geral, pode-se dizer que, diferentemente da medicina urbana francesa e da medicina de Estado da Alemanha do século XVIII, aparece, no século XIX e, sobretudo, na Inglaterra, uma medicina que é essencialmente um controle da saúde e do corpo das classes mais pobres para torná-las mais aptas ao trabalho e menos perigosas às classes mais ricas.

Foi justamente o sistema da medicina social inglesa que teve mais continuidade. Foucault trata de três situações que o sistema inglês possibilitou, são elas a assistência médica ao pobre, controle de saúde da força de trabalho e o esquadrinhamento geral da saúde pública, o que fazia com que as classes mais ricas estivessem protegidas quanto ao perigo de contágio de doenças. Ademais, no desenvolvimento da medicina social inglesa três sistemas médicos conviviam ao mesmo tempo: a medicina assistencial direcionada aos mais pobres; a medicina administrativa que se ocupava de problemas gerais como a vacinação e as epidemias; e a medicina privada destinada a quem tivesse meios de arcar. Sistemas esses que propiciaram durante o final do século XIX e a primeira metade do século XX a existência de um esquadrinhamento médico bastante completo.

1.3 Por uma genealogia do poder

Como este trabalho concentra-se em uma fase do trabalho de Foucault conhecida como genealogia, vale aqui fazer referência ao texto de Roberto Machado na introdução de *Microfísica do poder*.

Assim, Roberto Machado (2008 *apud* Foucault, 2008a, p. VII) esclarece que:

> A questão do poder não é o velho desafio formulado pelas análises de Foucault. Surgiu em determinado momento de suas pesquisas, assinalando uma reformulação de objetivos teóricos e políticos que, se não estavam ausentes dos primeiros livros, ao menos não eram explicitamente colocados, complementando o exercício de uma arqueologia do saber pelo projeto de uma genealogia do poder.

Contudo, ainda que Foucault tenha tratado do poder, é preciso que se entenda que ele não criou uma teoria geral do poder. Assim, para Foucault, o poder não detinha uma natureza, nem uma essência que se procuraria definir a partir de características universais. Desse modo, o poder não é uma coisa que se possua ou não, ele tem formas heterogêneas, sendo, portanto, uma prática social em constante transformação, por isso, constituída historicamente. Para Foucault, o poder está na relação e esta pode desenvolver-se de diversas formas.

Nesse sentido, para Roberto Machado (2008 *apud* Foucault, 2008a, p. XI):

> A razão é simples, embora apresente uma grande descontinuidade com o que geralmente se entende e se pratica como teoria. É que, para ele, toda teoria é provisória, acidental, dependente de um estado de desenvolvimento da pesquisa que aceita seus limites, seu inacabado, sua parcialidade, formulando conceitos que clarificam os dados – organizando-os, explicitando suas interrelações, desenvolvendo implicações – mas que, em seguida, são revistos, reformulados, substituídos a partir de novo material trabalhado. Nesse sentido, nem a arqueologia, nem, sobretudo, a genealogia tem por objetivo fundar uma ciência, construir uma teoria ou se constituir como sistema; o programa que elas formulam é o de realizar análises fragmentárias e transformáveis.

Sendo assim, na medida em que Foucault critica as teorias científicas, na formação de cada saber, ele mesmo não poderia construir uma teoria, mas, pelo contrário, seu papel foi desconstruir o saber e explicitar como este se liga ao poder.

Portanto, para Foucault, a microfísica do poder: "significa tanto um deslocamento do espaço da análise quanto do nível em que esta se efetua." (Machado, 2008 *apud* Foucault, 2008a, p. XII). Seria um poder que atinge o corpo dos indivíduos.

Além disso, para Foucault o poder não é algo que necessariamente deriva do Estado, ele insurgia-se contra a ideia de que o Estado seria o órgão central e único de poder, ou, ainda, a de que a rede de poderes da sociedade moderna seria uma simples extensão dos efeitos do Estado. Sendo assim, o Estado não é o único foco de onde se derivaria a explicação para a formação dos saberes nas sociedades capitalistas, mesmo porque há várias vezes em que as relações de poder se instituíram fora dele.

O comentador (Machado, 2008 *apud* Foucault, 2008a, p. XV) ainda nos esclarece que Foucault desenvolveu uma concepção não jurídica do poder:

> Com isso se quer dizer que é impossível dar conta do poder se ele é caracterizado como um fenômeno que diz fundamentalmente respeito à lei e à repressão. Por um lado, as teorias que têm origem nos filósofos do século XVIII que definem o poder como direito originário que se cede, se aliena para constituir a soberania e que tem como instrumento privilegiado o contrato; teorias que, em nome do sistema jurídico, criticarão o arbítrio real, os excessos, os abusos de poder. Portanto, exigência que o poder se exerça como direito, na forma da legalidade. Por outro lado, as teorias que, radicalizando a crítica ao abuso de poder, caracterizam o poder não somente por transgredir o direito, mas o próprio direito por ser um modo de legalizar o exercício da violência e o Estado o órgão cujo papel é realizar a repressão. Aí também é na ótica do direito que se elabora a teoria, na medida em que o poder é concebido como violência legalizada.

A ideia básica de Foucault mostra que as relações de poder não se passam, predominantemente, nem ao nível do direito, nem da violência, ou seja, não são, exclusivamente, contratuais, nem, totalmente, repressivas. Assim, para Foucault, a dominação capitalista não seria capaz de manter-se baseada, unicamente, na repressão.

O mesmo autor complementa (Machado, 2008 *apud* Foucault, 2008a, p. XVI):

> Não se explica inteiramente o poder quando se procura caracterizá-lo por sua função repressiva. O que lhe interessa basicamente não é expulsar os homens da vida social, impedir o exercício de suas atividades, e sim gerir a vida dos homens, controlá-los em suas ações para que seja possível e viável utilizá-los ao máximo, aproveitando suas potencialidades e utilizando um sistema de aperfeiçoamento gradual e contínuo de suas capacidades. Objetivo ao mesmo tempo econômico e político: aumento do efeito de seu trabalho, isto é, tornar os homens força de trabalho dando-lhes uma utilidade econômica máxima; diminuição da sua capacidade de revolta, de resistência, de luta, de insurreição contra as ordens do poder, neutralização dos efeitos de contra-poder, isto é, tornar os homens dóceis politicamente. Portanto, aumentar a utilidade econômica e diminuir os inconvenientes, os perigos políticos; aumentar a força econômica e diminuir a força política.

Sempre lembrando que não pode haver generalização do pensamento de Foucault, porque se cairia, justamente, no que ele criticava, que é a concepção de uma universalidade. O campo de pesquisa de Foucault era específico, sendo que ele se focou, nesse período da genealogia, sobre instituições penais, hospitais, escolas, exército e a fábrica. O poder que se exercia sobre as pessoas que se encontravam nesses locais apresentados era o que Foucault chamava de poder disciplinar, podendo ser entendido como um dispositivo, técnica, mecanismo ou instrumento de poder que possibilitava o controle minucioso do corpo e garantia de sujeição constante de suas forças. Dessa forma, é fabricado o tipo de homem ideal para a manutenção da sociedade industrial, capitalista.

Uma das teses fundamentais da genealogia que surge após o século XIX, em função das estratégicas que as relações de poder disciplinar trazem, é a de que o poder é produtor de individualidade, com isso, o indivíduo é produção do poder e do saber.

> A ação sobre o corpo, o adestramento do gesto, a regulação do comportamento, a normalização do prazer, a interpretação do discurso, com o objetivo de separar, comparar, distribuir, avaliar, hierarquizar, tudo isso faz com que apareça pela primeira vez na história esta figura singular, individualizada – o homem – como produção do poder. Mas

também, e ao mesmo tempo, como objeto de saber. Das técnicas disciplinares, que são técnicas de individualização, nasce um tipo específico de saber: as ciências humanas. (Machado, 2008 apud Foucault, 2008a, p. XX).

Nesse sentido, a ideia de Foucault não era a de relacionar o saber diretamente com a economia, mas o que a genealogia faz é considerar o saber como peça de um dispositivo político que se articula com a estrutura econômica. O que significa dizer que a partir das práticas políticas disciplinares se formam domínios de saber conhecidos como ciências humanas.

Dessa maneira, conclui-se que todo conhecimento só existe a partir de condições políticas necessárias para a formação tanto do sujeito quanto do domínio de saber. Assim, não há saber neutro, pois todo saber é político. Todo saber tem sua gênese em relações de poder, portanto o saber é político, não porque o Estado se aproprie dele, mas devido à sua origem.

1.4 A vontade de saber

No percorrer do caminho que Foucault trilhou para tratar da Biopolítica tem-se em seguida a *História da sexualidade* (2015, v. 1). Nesse trabalho, Foucault enfatiza a importância do controle do sexo por meio, inclusive, da medicina, como ponto-chave para os mecanismos e técnicas de controle da sociedade e, principalmente, dos corpos dos indivíduos.

Como visto anteriormente, no artigo *O nascimento da medicina social*, havia uma necessidade de controle dos indivíduos com o emprego de técnicas que visavam à saúde de determinada comunidade, técnicas essas que obedeciam a esquemas de padronização. A análise, nesse momento, refere-se ao sexo.

É preciso saber de antemão que no século XVIII, o surgimento do fenômeno da "população", como problema econômico e político, foi uma novidade para as técnicas de poder. Desse modo, os governos teriam de lidar com a população e tudo que estivesse relacionado a ela, que eram a natalidade, morbidade, expectativa de vida, fecundidade, saúde, alimentação e moradia. Portanto, no núcleo do problema econômico e político que a população representa encontra-se o sexo. Ora, é preciso saber e analisar a taxa de natalidade, a idade em que as pessoas se casam, os nascimentos fora e dentro do casamento, a idade em que se inicia a vida sexual, a frequência com que as pessoas mantêm relações sexuais, as técnicas de fecundidade e de esterilização, o efeito do celibato, a incidência das práticas contraceptivas.

Para Foucault (2015, p. 29):

> É verdade que já há muito tempo se afirmava que um país devia ser povoado se quisesse ser rico e poderoso. Mas é a primeira vez em que, pelo menos de maneira constante, uma sociedade afirma que seu futuro e sua fortuna estão ligados não somente ao número e à virtude dos cidadãos, não apenas às regras de casamentos e à organização familiar, mas à maneira como cada qual usa seu sexo. Passa-se das lamentações rituais sobre a libertinagem estéril dos ricos, dos celibatários e dos libertinos para um discurso em que a conduta sexual da população é tomada, ao mesmo tempo, como objeto de análise e alvo de intervenção.

Nas sociedades modernas, o sexo não ficou obscurecido como antes, o que ocorre é que ele é valorizado como um segredo, e do qual se fala sempre. O objetivo era reduzir ou excluir as práticas que não tivessem por finalidade a reprodução. Com isso, os discursos em torno do sexo diziam não às atividades infecundas, banindo os prazeres paralelos; assim, multiplicaram-se as condenações judiciárias das perversões menores, anexou-se a irregularidade sexual à doença mental. Dessa maneira, definiram-se normas do desenvolvimento sexual e se caracterizaram todos os possíveis desvios, organizando-se controles pedagógicos e tratamentos médicos para qualquer anormalidade, portanto, a hipótese foucaultiana era a de que toda essa ordenação e adequação em torno do sexo visava proporcionar uma sexualidade economicamente útil e politicamente conservadora.

> Tanto na ordem civil como na ordem religiosa o que se levava em conta era um ilegalismo global. Sem dúvida, o "contra a natureza" era marcado por uma abominação particular. Mas era percebido apenas como uma forma extrema do "contra lei"; também infringia decretos tão sagrados como os do casamento e estabelecidos para reger a ordem das coisas e dos seres. As proibições relativas ao sexo eram, fundamentalmente, de natureza jurídica. A "natureza", em que às vezes se apoiavam, era ainda uma espécie de direito. Durante muito tempo os hermafroditas foram considerados criminosos, ou filhos do crime, já que sua disposição anatômica, seu próprio ser, embaraçava a lei que distinguia os sexos e prescrevia sua conjunção (Foucault, 2015, p. 42).

A concepção de que algo era natural serviu para a base do que seria aceito e o que não seria no que dizia respeito ao sexo, de modo que tudo que desviasse do considerado natural era tido como doença. Assim, a questão não era repressiva, mas de definição do que era saudável e do que era patológico. Nesse sentido, a medicina adentrou com grande aparato nos prazeres do casal, criando patologias orgânicas, funcionais ou mentais, provenientes das práticas sexuais ditas incompletas, classificou com minúcias todas as formas de prazeres anexos e relacionou-os ao desenvolvimento e às perturbações do instinto.

Com isso:

> Há os exibicionistas de Lasègue, os fetichistas de Binet, os zoófilos e zooerastas de Krafft-Ebing, os automonossexualistas de Rohleder; haverá os mixoscopófilos, os ginecomastos, os presbiófilos, os invertidos sexoestéticos e as mulheres dispaurênicas. Esses belos nomes de heresias fazem pensar em uma natureza o suficiente relapsa para escapar à lei, mas autoconsciente o bastante para ainda continuar a produzir espécies, mesmo lá onde não existe mais ordem. A mecânica do poder que ardorosamente persegue todo esse despropósito só pretende suprimi-lo atribuindo-lhe uma realidade analítica, visível e permanente: encrava-o nos corpos, introduz-lo nas condutas, torna-o princípio de classificação e de inteligibilidade e o constitui em razão de ser e ordem natural da desordem. Exclusão desses milhares de sexualidades aberrantes? Não, especificação, distribuição regional de cada uma delas. Trata-se, através de sua disseminação, de semeá-las no real e de incorporá-las ao indivíduo (Foucault, 2015, p. 48-49).

Aqui retorna-se aos dois grandes modelos de organização médica que marcaram a história do Ocidente, que foram o modelo resultante do problema da lepra e o modelo utilizado para controlar a peste. Nesse caso, mais especificamente, verifica-se o modelo da peste, pois não há a expulsão do indivíduo doente, sua exclusão se dá de outra forma, por meio da classificação de sua condição. Ele é definido como sendo o homossexual, o transexual, o hermafrodita, o exibicionista, o *voyeur*, o que lhe confere um lugar determinado de exclusão dentro da própria sociedade, dessa forma o controle ocorre.

De acordo com Foucault, é preciso abandonar a ideia de que as sociedades industriais modernas criaram um momento de maior repressão sexual. Houve na verdade uma profusão de sexualidades heréticas, bem como o surgimento de um dispositivo bem diferente da lei, que assegurava a proliferação de prazeres específicos e a multiplicação de sexualidades desviantes. Assim, nunca houve tantos centros de poder, tanta atenção manifesta e prolixa, nem tantos focos onde estimular a intensidade dos prazeres e a insistência dos poderes para que se disseminassem mais além.

No século XIX surge uma ciência sexual (*scientia sexualis*), conhecida por sexualidade, em que se dava uma roupagem científica ao saber relacionado ao sexo. Assim havia duas frentes de estudo sobre o sexo, uma biológica, fundada na reprodução e em uma normatividade científica geral, e a outra ligada à medicina. Com base nisso, Foucault revela que o sexo não foi somente objeto de sensação e prazer, de lei ou de interdição, mas também de verdade e falsidade, tendo se constituído em objeto da verdade.

A história da sexualidade deve ser vista sob a ótica da história dos discursos, o que se procurava com a ciência sexual era a produção de sua verdade. A sexualidade foi dominada por processos patológicos, que solicitavam intervenções terapêuticas ou de normalização. Foucault define alguns dos mecanismos da discursividade científica utilizados pela sexualidade. São eles a técnica de escuta, postulado de causalidade, princípio de latência, regra da interpretação e imperativo de medicalização.

1.4.1 Dispositivo de sexualidade

Em entrevista, Foucault responde o que entende por dispositivo, que vem a ser a rede que se estabelece entre uma série de elementos heterogêneos, quais sejam, discursos, instituições, organizações arquitetônicas, decisões regulamentares, leis, medidas administrativas, enunciados científicos, proposições filosóficas, morais, filantrópicas, ou seja, o dito e o não dito. Além disso, ele compreende que a natureza da relação entre esses elementos é composta por um tipo de jogo que implica em mudança de posições e até mesmo de funções. Também acrescenta que o dispositivo é um tipo de formação que tem a função de responder a algo urgente num certo momento histórico. O dispositivo apresenta um duplo processo, por um lado o de sobredeterminação funcional e por outro o de perpétuo preenchimento estratégico. Por exemplo, há o caso do aprisionamento como dispositivo aplicado ao fenômeno da criminalidade, no qual o efeito produzido não foi previsto de antemão, que foi a constituição de um meio delinquente, pois a prisão funcionou como um ambiente de profissionalização, concentração e isolamento.

> A partir mais ou menos de 1830, assiste-se a uma re-utilização imediata deste efeito involuntário e negativo em uma nova estratégia, que de certa forma ocupou o espaço vazio ou transformou o negativo em positivo: o meio delinquente passou a ser re-utilizado com finalidades políticas e econômicas diversas (como a extração de um lucro do prazer, com a organização da prostituição). É isso que chamo de preenchimento estratégico do dispositivo (Foucault, 2008i, p. 244-245).

Foucault percebe que o estudo a respeito das relações históricas entre o poder e o discurso sobre o sexo deve desconsiderar uma representação jurídica e negativa do poder, por isso, a proposta é que não se pense o poder em termos de lei, de interdição, de liberdade e de soberania. Assim, para o filósofo, nas sociedades modernas o poder não regeu a sexualidade ao modo da lei e da soberania. Nesse sentido, à medida que assume essa proposta, ou seja, conceber uma interpretação do poder sem princípios implícitos no sistema do direito e na forma da lei, passa a considerar assim outra teoria do poder, outra concepção do poder, em que o sexo não tem lei e o poder não tem rei.

Dessa forma, para Foucault (2015, p. 100-101), o poder:

> Parece-me que se deve compreender o poder, primeiro, como a multiplicidade de correlações de forças imanentes ao domínio onde se exercem e constitutivas de sua organização; o jogo que, através de lutas e afrontamentos incessantes, as transforma, reforça, inverte; os apoios que tais correlações, forças encontram umas nas outras, formando cadeias ou sistemas, ou ao contrário, as defasagens e contradições que as isolam entre si; enfim, as estratégias em que se originam e cujo esboço geral ou cristalização institucional toma corpo nos aparelhos estatais, na formulação da lei, nas hegemonias sociais. A condição de possibilidade do poder, em todo caso, o ponto de vista que permite tornar seu exercício inteligível até em seus efeitos mais periféricos e, também, enseja empregar seus mecanismos como chave de inteligibilidade do campo social não deve ser procurada na existência primeira de um ponto central, num foco único de soberania de onde partiriam formas derivadas e descendentes; é o suporte móvel das correlações de forças que, devido a sua desigualdade, induzem continuamente estados de poder, mas sempre localizados e instáveis. Onipresença do poder: não porque tenha o privilégio de agrupar tudo sob sua

invencível unidade, mas porque se produz a cada instante, em todos os pontos, ou melhor, em toda relação entre um ponto e outro. O poder está em toda parte; não porque englobe tudo e sim porque provém de todos os lugares. E "o" poder, no que tem de permanente, de repetitivo, de inerte, de autorreprodutor, é apenas efeito de conjunto, esboçado a partir de todas essas mobilidades, encadeamento que se apoia em cada uma delas e, em troca, procura fixá-las. Sem dúvida, devemos ser nominalistas: o poder não é uma instituição nem uma estrutura, não é uma certa potência de que alguns sejam dotados: é o nome dado a uma situação estratégica complexa numa sociedade determinada.

Assim, Foucault inverte a fórmula e diz que a política é a guerra prolongada por outros meios. Portanto, o poder deve ser entendido a partir das seguintes características: 1) ele não é algo que se adquira, ele se exerce em meio a relações desiguais e móveis; 2) as relações de poder são imanentes a outros tipos de relações (processos econômicos, relações de conhecimento, relações sexuais), são os efeitos dos desequilíbrios e desigualdade que se produzem nessas relações; 3) além disso, o poder vem de baixo[15], "isto é, não há, no princípio das relações de poder, e como matriz geral, uma oposição binária e global entre os dominadores e os dominados, dualidade que repercuta de alto a baixo e sobre grupos cada vez mais restritos até as profundezas do corpo social," (Foucault, 2015, p. 102); 4) as relações de poder são ainda, e ao mesmo tempo, intencionais e não subjetivas; assim, para Foucault, o poder não resulta da escolha ou da decisão de um único indivíduo, nem de uma equipe que preside sua racionalidade, nem de uma casta que o governe, nem de grupos que controlam os aparelhos do Estado, nem daqueles que tomam as decisões econômicas mais importantes; 5) finalmente, outra característica é que onde há poder há resistência.

Contudo, tratando do tema dos dispositivos ligados à sexualidade, Foucault estabelece que a partir do século XVIII surgem quatro grandes conjuntos estratégicos que desenvolvem dispositivos específicos de saber e poder sobre o sexo, que são a histerização do corpo da mulher; a pedagogização do sexo da criança; a socialização das condutas de procriação e

---

[15] Explicitando melhor o sentido de o poder vir de baixo, se refere ao fato de que o Governo não é a única esfera da qual o poder é emanado, além disso, há vários elementos no conjunto do corpo social que estabelecem um efeito hegemônico de dominação, que são tanto a família quanto outras instituições que provocam a separação da sociedade, redistribuindo e realinhando-a.

a psiquiatrização do prazer perverso. Ao longo do século XIX, aumenta a preocupação em torno do sexo e dessas quatro figuras de saber: a mulher histérica, a criança masturbadora, o casal malthusiano e o adulto perverso.

Com isso, a respeito das perversões, Foucault (2015, p. 128-129) revela que:

> A medicina das perversões e os programas de eugenia foram, na tecnologia do sexo, as duas grandes inovações da segunda metade do século XIX. Inovações que se articulavam facilmente, pois a teoria de "desgenerescência" permitia-lhes referirem-se mutuamente num processo sem fim; ela explicava de que maneira uma hereditariedade carregada de doenças diversas – orgânicas, funcionais, pouco importa – produzia, no final das contas, um perverso sexual (faça-se uma busca na genealogia de um exibicionista ou de um homossexual e se encontrará um ancestral hemiplégico, um genitor tísico ou um tio com demência senil): mas explicava, também, de que modo uma perversão sexual induzia um esgotamento da descendência – raquitismo dos filhos, esterilidade das gerações futuras.

Foucault é persistente ao dizer que não se tratava de uma teoria, a ideia de perversão-hereditariedade-degenerescência constituiu a matriz das novas tecnologias do sexo. Essa concepção foi amplamente implantada. Toda uma prática social pautou-se sobre o racismo de Estado, foi assim que se usou a psiquiatria, a jurisprudência, a medicina legal, as instâncias de controle social, a vigilância das crianças perigosas ou em perigo, todas baseadas no sistema perversão-hereditariedade-desgenerescência, dando a essa tecnologia do sexo um poder sem precedentes.

> Foi na família burguesa, ou aristocrática, que se problematizou inicialmente a sexualidade das crianças ou dos adolescentes; e nela foi medicalizada a sexualidade feminina; ela foi alertada, primeiramente, para a patologia possível do sexo, a urgência em vigiá-lo e a necessidade de inventar uma tecnologia racional de correção. Foi ela o primeiro lugar de psiquiatrização do sexo. Foi quem entrou, antes de todas, em eretismo sexual, dando-se a medos, inventando receitas, pedindo o socorro das técnicas científicas, suscitando, a fim de repeti-los para si mesma, discursos inumeráveis. A burguesia começou considerando que o seu próprio sexo era coisa importante, frágil tesouro, segredo de conhecimento indispensável. A personagem investida

> primeiramente pelo dispositivo de sexualidade, uma das primeiras a ser sexualizada, foi, não devemos esquecer, a mulher ociosa, nos limites do mundo – onde sempre deveria figurar como valor – e da família, onde lhe atribuíam novo rol de obrigações conjugais e parentais: assim apareceu a mulher nervosa, sofrendo de vapores; foi aí que a histerização da mulher encontrou seu ponto de fixação. Quanto ao adolescente, desperdiçando em prazeres secretos a sua futura substância, e à criança onanista que tanto preocupou médicos e educadores, desde o fim do século XVIII até o fim do século XIX, não era o filho do povo, o futuro operário, a quem se deveria ensinar as disciplinas do corpo; era o colegial, a criança cercada de serviçais, de preceptores e de governantas, e que corria o risco de comprometer menos uma força física do que capacidades intelectuais, que tinha o dever moral e a obrigação de conservar, para sua família e sua classe, uma descendência sadia (Foucault, 2015, p. 131-132).

O que se percebe, por meio dos estudos de Foucault, é que muitos dos temas ligados aos hábitos de casta da nobreza aparecem de novo na burguesia do século XIX, mas sob o viés de preceitos biológicos, médicos ou eugênicos. As preocupações em juntar os casais em laços matrimoniais não estavam somente nas promessas de herança, imperativos econômicos e regras de homogeneidade social, mas também nas ameaças da hereditariedade, ou seja, os genes que seriam herdados de cada parceiro.

Outro objetivo que reforçava essas preocupações era o projeto de expansão infinita da força, do vigor, da saúde e da vida, propiciando o crescimento e estabelecimento da hegemonia burguesa. Como prova:

> Testemunhos disso são as obras publicadas em número tão grande, no fim do século XVIII, sobre a higiene do corpo, a arte da longevidade, os métodos para ter filhos de boa saúde e para mantê-los vivos durante o maior tempo possível, os processos para melhorar a descendência humana; eles atestam, portanto, a correlação entre essa preocupação com o corpo e o sexo e um certo racismo. Mas este é bem diferente do manifestado pela nobreza, ordenado em função de fins essencialmente conservadores. Trata-se de um racismo dinâmico, de um racimo da expansão, embora só encontrado ainda em estado embrionário e tendo tido que esperar até a segunda metade do século XIX para dar os frutos que acabamos provando (Foucault, 2015, p. 137).

Consubstanciando o projeto eugênico, a defesa do vigor físico e da vida se restringia aos considerados os "melhores" da sociedade, que representavam uma elite branca. É nesse momento de *História da sexualidade* (2015, v. 1) que Foucault adentra de maneira mais clara no tema da Biopolítica.

1.4.2 A era do Biopoder

De forma concreta, o poder sobre a vida desenvolveu-se a partir do século XVII, caracterizado por duas formas principais: uma que se focou no corpo como máquina, ou seja, no adestramento do corpo, na ampliação de suas habilidades, na extorsão de suas forças, no crescimento de sua utilidade e docilidade, na sua integração em sistemas de controle eficazes e econômicos, sendo tudo isso assegurado por procedimentos de poder assinalados pelo que Foucault chama de disciplinas anátomo-políticas do corpo humano.

Já a segunda forma principal de poder sobre a vida, que surge na metade do século XVIII, se concentrou na figura do corpo-espécie, em que havia a preocupação com os nascimentos e a mortalidade, o nível de saúde, a duração da vida, a longevidade, e com todas as condições que podem fazer esses níveis variarem: assim, são assumidos uma série de intervenções e controles entendidos como reguladores formando uma Biopolítica da população.

Desse modo, são dois polos de atuação que constituem o Biopoder, de um lado as disciplinas do corpo e de outro as regulações da população, é a instalação da organização do poder sobre a vida. Período em que há o desenvolvimento de disciplinas diversas: escolas, colégios, casernas, portanto em que surgem numerosas técnicas para se obter a sujeição dos corpos e o controle das populações, que inaugura, então, a era de um Biopoder.

Para a tese foucaultiana, esse Biopoder foi primordial para o desenvolvimento do capitalismo, que só se estabeleceu com a inserção controlada dos corpos no aparelho de produção e, ainda, pela adequação dos fenômenos que surgem na nova ideia de população aos processos econômicos. Nesse propósito, foram necessárias as instituições de poder, que garantiam a manutenção das relações de poder; bem como as técnicas de poder que se faziam presentes em todos os níveis do corpo social, que foram utilizadas por vários tipos de instituições: a família, o exército, a escola, a polícia, a medicina individual ou a administração das coletividades.

Com isso, Foucault (2015, p. 154) designa a Biopolítica como:

> O que faz com que a vida e seus mecanismos entrem no domínio dos cálculos explícitos, e faz do poder-saber um agente de transformação da vida humana; não é que a vida tenha sido exaustivamente integrada em técnicas que a dominem e gerem; ela lhe escapa continuamente. Fora do mundo ocidental, a fome existe numa escala maior do que nunca; e os riscos biológicos sofridos pela espécie são talvez maiores e, em todo caso do que antes do nascimento da microbiologia. Mas o que se poderia chamar de "limiar de modernidade biológica" de uma sociedade se situa no momento em que a espécie entra como algo em jogo em suas próprias estratégias políticas.

Sobre a sociedade normalizadora, Foucault (2015, p. 156) assim se pronuncia:

> Não quero dizer que a lei se apague ou que as instituições de justiça tendam a desaparecer; mas que a lei funciona cada vez mais como norma, e que a instituição judiciária se integra cada vez mais num contínuo de aparelhos (médicos, administrativos etc.) cujas funções são, sobretudo, reguladoras. Uma sociedade normalizadora é o efeito histórico de uma tecnologia de poder centrada na vida. Por referência às sociedades que conhecemos até o século XVIII, nós entramos em uma fase de regressão jurídica; as Constituições escritas no mundo inteiro a partir da Revolução Francesa, os códigos redigidos e reformados, toda uma atividade legislativa permanente e ruidosa não devem iludir-nos: são formas que tornam aceitável um poder essencialmente normalizador.

Portando, o sistema normalizador foi utilizado como mais uma instituição que visa ajustar a vida e as condições que derivam da vida em sociedade, como técnica de poder que disciplina e regula, a fim de que os pilares do capitalismo possam justificar-se e desenvolver-se. Assim, as leis aparecem como normalizadoras da vida, por isso, são criadas leis que abarcam todas as relações que existem na humanidade, isso na sociedade moderna e ocidental.

Nesse sentido, Foucault faz uma crítica aos Direitos Humanos, dizendo que contra esse poder normalizador descrito, a luta que se faz apoia-se exatamente sobre aquilo no que ele investe, ou seja, na vida e no homem enquanto ser vivo. As reivindicações dão-se em torno da vida, entendida entre os direitos fundamentais. Assim, a vida como objeto político passa a ser reivindicada e provoca uma luta contra o sistema que tenta controlá-la. Para Foucault, ainda que se façam afirmações de direito: direito à vida, ao corpo, à saúde, à felicidade, à satisfação das necessidades, no fundo, o objeto das lutas políticas seria a vida.

Finalmente, sobre o racismo que se forma nesse regime biopolítico, um racismo biologizante, toda a política do povoamento, da família, do casamento, da educação, da hierarquização social, da propriedade e todas as intervenções ao corpo, na saúde, receberam, portanto, uma preocupação em se proteger a pureza do sangue e priorizar a raça pura.

Para Foucault, o nazismo, essa ordenação eugênica da sociedade, que comportava a extensão e a intensificação dos micropoderes, a pretexto de estatização ilimitada, era acompanhada da exaltação do sangue superior, resultando no genocídio dos outros e o risco de expor a si mesmo a um sacrifício total, produzindo assim um dos maiores massacres da história da humanidade.

CAPÍTULO II

EM DEFESA DA SOCIEDADE

2.1 Estatização do biológico

Na continuação do estudo da Biopolítica e, mais propriamente, no seu adensamento, buscou-se aqui um percurso no trabalho de Foucault em que o tema da Biopolítica é aprofundado. Por isso a escolha do curso *Em defesa da sociedade* (Foucault, 2010a), mais propriamente a aula de 17 de março de 1976, e, em sequência, prossegue-se com os cursos denominados *Segurança, território e população* (Foucault, 2008h) e *Nascimento da Biopolítica* (Foucault, 2008b).

Em defesa da sociedade foi ministrado de 7 de janeiro a 17 de março de 1976, entre o lançamento de *Vigiar e punir* (fevereiro de 1975) e o de *A vontade de saber*, v. 1, de *História da sexualidade* (outubro de 1976). Para Mauro Bertani e Alessandro Fontana, apesar de mais de 30 anos transcorridos, o curso continua atual e necessário:

> É o descarte das teorias jurídicas e das doutrinas políticas, incapazes de explicar bem as relações de poder e as relações de força no enfrentamento dos saberes e das lutas reais; é uma releitura da época das Luzes em que se deveria ver a desqualificação dos saberes "menores" em proveito da centralização, da normalização, do disciplinamento de saberes dominantes, em vez do progresso da Razão; é a crítica da ideia segundo a qual a história seria uma invenção e uma herança da burguesia ascendente do século XVIII; é o elogio acentuado do "historicismo", dessa história que fala de conquistas e de dominações, uma "história-batalha", no verdadeiro sentido da palavra, que se construiu a partir da luta das raças em oposição ao direito natural; é, enfim, desde a transformação dessa luta no século XIX, a formulação de um problema, aquele da regulamentação Biopolítica dos comportamentos, aquele, como memória recente e horizonte próximo, do nascimento e do desenvolvimento do racismo e do fascismo (Foucault, 2010a, p. 245-246).

Portanto, *Em defesa da sociedade* (Foucault, 2010a) descortina uma visão que passa a criticar as concepções do Direito Natural que efetivamente naturaliza conceitos e direitos que seriam próprios do ser humano desde o seu nascimento. Resumindo o curso, Bertani e Fontana concluem que:

> Para realizar a análise concreta das relações de poder, deve--se abandonar o modelo jurídico da soberania. Este, de fato, pressupõe o indivíduo como sujeito de direitos naturais ou de poderes primitivos; propõe-se o objetivo de explicar a gênese ideal do Estado; enfim, faz da lei a manifestação fundamental do poder. Dever-se-ia tentar estudar o poder não a partir dos termos primitivos da relação, mas a partir da própria relação na medida em que ela é que determina os elementos sobre os quais incide: em vez de perguntar a sujeitos ideais o que puderam ceder de si mesmos ou de seus poderes para deixar-se sujeitar, deve-se investigar como as relações de sujeição podem fabricar sujeitos. Assim também, em vez de buscar a forma única, o ponto central do qual derivariam todas as formas de poder por consequência ou desenvolvimento, deve-se primeiro deixá-las valer em sua multiplicidade, em suas diferenças, em sua especificidade, em sua reversibilidade: estudá-las, pois, como relações de força que se entrecruzam, remetem umas às outras, convergem ou, ao contrário, se opõem e tendem a anular-se. Enfim, em vez de conceder um privilégio à lei como manifestação de poder, é preferível tentar localizar as diferentes técnicas de coerção por ele empregadas (Foucault, 2010a, p. 225).

Assim, na aula de 17 de março de 1976 (*Em defesa da sociedade*), ao iniciar o tema da Biopolítica, Foucault (2010a, p. 201) revela que um dos fenômenos fundamentais do século XIX foi a "estatização do biológico". Para que se possa entender melhor, Foucault explicita que uma das transformações mais significativas do direito político do século XIX foi o surgimento de um direito novo que veio complementar o velho direito da soberania. Segundo o autor, este último consistia em "fazer morrer e deixar viver", ou seja, na teoria clássica da soberania o soberano tem direito de vida e de morte sobre seu súdito, significando que ele pode fazer morrer e deixar viver, portanto a vida e a morte não são desses fenômenos naturais, que possam ser entendidos absolutamente fora do campo do poder político. Assim, o direito novo, mencionado supra, ao qual Foucault faz referência, além de completar o direito antigo de soberania, traz justamente o inverso deste, posto que instaura o direito de "fazer viver e deixar morrer".

Ocorre que para estabelecer essa transformação, do direito de fazer morrer e deixar viver, próprio do antigo direito de soberania, para o do direito novo de fazer viver e deixar morrer, o nível que Foucault pretende alcançar não se encontra na teoria política, mas sim no nível dos mecanismos, das técnicas, das tecnologias de poder. Dessa forma Foucault (2010a, p. 203) explicita:

> Então, aí, topamos com coisas familiares: é que, nos séculos XVII e XVIII, viram-se aparecer técnicas de poder que eram essencialmente centradas no corpo, no corpo individual. Eram todos aqueles procedimentos pelos quais se assegurava a distribuição espacial dos corpos individuais (sua separação, seu alinhamento, sua colocação em série e em vigilância) e a organização, em torno desses corpos individuais, de todo um campo de visibilidade. Eram também as técnicas pelas quais se incumbiam desses corpos, tentavam aumentar-lhes a força útil através do exercício, do treinamento, etc. Eram igualmente técnicas de racionalização e de economia estrita de um poder que devia se exercer, da maneira menos onerosa possível, mediante todo um sistema de vigilância, de hierarquias, de inspeções, de escriturações, de relatórios: toda essa tecnologia, que podemos chamar de tecnologia disciplinar do trabalho. Ela se instala já no final do século XVII e no decorrer do século XVIII.

A partir desse excerto, Foucault trata do início da tecnologia disciplinar do trabalho, abordando a tecnologia de poder, ou seja, técnicas ou mecanismos utilizados como forma de dominação social. Contudo, o filósofo declara que durante a segunda metade do século XVIII, aparece outra tecnologia do poder, diferente da disciplinar do trabalho, porém que, por outro lado, não exclui esta última. Dessa forma, a nova técnica de poder não disciplinar se dirige não ao homem-corpo, mas sim ao homem-espécie, homem vivo, homem ser vivo.

Esmiuçando o assunto, Foucault (2010a, p. 204) explicita:

> Mais precisamente, eu diria isto: a disciplina tenta reger a multiplicidade dos homens na medida em que essa multiplicidade pode e deve redundar em corpos individuais que devem ser vigiados, treinados, utilizados, eventualmente punidos. E, depois, a nova tecnologia que se instala se dirige à multiplicidade dos homens, não na medida em que eles se resumem em corpos, mas na medida em que ela forma, ao contrário, uma massa global, afetada por processos

> de conjunto que são próprios da vida, que são processos como o nascimento, a morte, a produção, a doença, etc. Logo, depois de uma primeira tomada de poder sobre o corpo que se fez consoante o modo da individualização, temos uma segunda tomada de poder que, por sua vez, não é individualizante, mas que é massificante, se vocês quiserem, que se faz em direção não do homem-corpo, mas do homem-espécie. Depois da anatomopolítica do corpo humano, instaurada no decorrer do século XVIII, vemos aparecer, no fim do mesmo século, algo que já não é uma anatomopolítica do corpo humano, mas que eu chamaria de uma Biopolítica da espécie humana.

Assim Foucault introduz o tema da Biopolítica[16], entendendo que seus primeiros objetos de saber são um conjunto de processos como a proporção dos nascimentos e dos óbitos, a taxa de reprodução, a fecundidade de uma população, ou seja, os processos de natalidade, de mortalidade, de longevidade, que surgem na segunda metade do século XVIII. Para a Biopolítica o que importa é também o problema da morbidade, não mais como as epidemias da Idade Média, mas algo diferente, que são as endemias:

> Aquilo que se poderia chamar de endemias, ou seja, a forma, a natureza, a extensão, a duração, a intensidade das doenças reinantes numa população. Doenças mais ou menos difíceis de extirpar, e que não são encaradas como as epidemias, a título de causas de morte mais frequente, mas como fatores permanentes [...] de subtração das forças, diminuição do tempo de trabalho, baixa de energias, custos econômicos, tanto por causa da produção não realizada quanto dos tratamentos que podem custar. Em suma, a doença como fenômeno de população: não mais como a morte permanente, que se introduz sorrateiramente na vida, a corrói perpetuamente, a diminui e a enfraquece (Foucault, 2010a, p. 205).

A doença como fenômeno de população, como no caso das endemias, estava ligada a uma preocupação com a baixa produtividade. Foucault (2010a, p. 205) afirma que a partir de então surge uma medicina com a função maior da higiene pública, "com organismos de coordenação dos

---

[16] Para Foucault a Biopolítica é explicitada como a estatização do biológico, ou seja, para ele o Biopoder é formado por uma série de fenômenos ou conjunto de mecanismos, pelos quais aquilo que na espécie humana constitui suas características biológicas fundamentais passa a ser formatado pela política, por meio de uma estratégia geral de poder. O filósofo italiano Giorgio Agamben (2002) também faz uma leitura sobre a noção de Biopolítica em Michel Foucault no seu livro *Homo Sacer: o poder soberano e a vida nua*.

tratamentos médicos, de centralização da informação, de normalização do saber, e que adquire também o aspecto de campanha de aprendizado da higiene e de medicalização da população".

Outro campo de atuação da Biopolítica está relacionado com o que não era possível evitar, como as doenças, os acidentes e a própria velhice, o que faz com que sejam criadas as instituições de assistência, bem como outros mecanismos mais sutis e mais racionais, de seguros, de poupança individual e coletiva e de seguridade.

Além disso, Foucault aponta o que chama de elementos fundamentais relativos à Biopolítica. O primeiro seria o aparecimento da noção de população[17]: "A Biopolítica lida com a população, e a população como problema político, como problema a um só tempo científico e político, como problema biológico e como problema de poder, acho que aparece nesse momento" (Foucault, 2010a, p. 206). Ainda no campo da população, surge o segundo elemento importante que são os acontecimentos aleatórios que ocorrem numa população. Já o terceiro elemento Foucault (2010a, p. 207) revela:

> Vai ser preciso modificar, baixar a morbidade; vai ser preciso encompridar a vida; vai ser preciso estimular a natalidade. E trata-se, sobretudo, de estabelecer mecanismos reguladores que, nessa população global com seu campo aleatório, vão poder fixar um equilíbrio, manter uma média, estabelecer uma espécie de homeostase, assegurar compensações; em suma, de instalar mecanismos de previdência em torno desse aleatório que é inerente a uma população de seres vivos, de otimizar, se vocês preferirem, um estado de vida: mecanismos, como vocês veem, como os mecanismos disciplinares, destinados em suma a maximizar forças e a extraí-las, mas que passam por caminhos inteiramente diferentes.

Portanto, como supra descrito, o poder absoluto da soberania que consistia no poder de fazer morrer e deixar viver passa, então, sob a perspectiva da tecnologia do Biopoder, com a tecnologia do poder sobre

---

[17] Para Foucault surge esse novo personagem que é a população, para ele nem a teoria do direito e nem a prática disciplinar o conhecem. Na teoria do direito, só havia o indivíduo e a sociedade: "o indivíduo contratante e o corpo social que fora constituído pelo contrato voluntário ou implícito dos indivíduos. As disciplinas lidavam praticamente com o indivíduo e com seu corpo. Não é exatamente com a sociedade que se lida nessa nova tecnologia de poder (ou, enfim, com o corpo social tal como o definem os juristas); não é tampouco com o indivíduo-corpo. É um novo corpo: corpo múltiplo, corpo com inúmeras cabeças, se não infinito pelo menos necessariamente numerável" (Foucault, 2010a, p. 206).

a população, sobre o homem enquanto ser vivo, a consistir no poder de fazer viver e deixar morrer, um poder que Foucault chama de regulação e que consiste justamente em fazer viver e deixar morrer, ao contrário do poder da soberania.

É possível verificar que os mecanismos de poder disciplinar e o outro regulador articulam-se um com o outro, por isso podem aparecer juntos em diversas situações, alguns exemplos são: sistemas de seguro-saúde ou de seguro-velhice; regras de higiene que garantem a longevidade; pressões sobre a procriação, sobre a higiene das famílias; cuidados com as crianças.

Foucault ainda traz um exemplo crucial para tratar do aparecimento simultâneo das tecnologias de poder disciplinar e regulador:

> Considerem um outro domínio – enfim, não inteiramente outro –; considerem, noutro eixo, algo como a sexualidade. No fundo, por que a sexualidade se tornou, no século XIX, um campo cuja importância estratégica foi capital? Eu creio que, se a sexualidade foi importante, foi por uma porção de razões, mas em especial houve estas: de um lado, a sexualidade, enquanto comportamento exatamente corporal, depende de um controle disciplinar, individualizante, em forma de vigilância permanente (e os famosos controles, por exemplo, da masturbação que foram exercidos sobre as crianças desde o fim do século XVIII até o século XX, e isto no meio familiar, no meio escolar, etc., representam exatamente esse lado de controle disciplinar da sexualidade); e depois, por outro lado, a sexualidade se insere e adquire efeito, por seus efeitos procriadores, em processos biológicos amplos que concernem não mais ao corpo do indivíduo mas a esse elemento, a essa unidade múltipla constituída pela população. A sexualidade está exatamente na encruzilhada do corpo e da população. Portanto, ela depende da disciplina, mas depende também da regulamentação (Foucault, 2010a, p. 211-212).

É da análise, segundo Foucault, sobre a extremada valorização médica do sexo a partir do século XIX que surge a teoria da degenerescência que se liga às concepções do movimento de eugenia que aparece no século seguinte, nos Estados Unidos. O indivíduo de sexualidade desregrada, ou seja, indisciplinada e irregular, está sujeito a toda espécie de doenças transmissíveis sexualmente, de modo a castigar seu corpo. Por outro lado, ele ainda representa um mal para a população na medida em que herdou esse comportamento pervertido e irá disseminá-lo por meio de suas próximas gerações, essa é a teoria da degenerescência[18].

Sobre a medicina, Foucault (2010a, p. 212) esclarece:

> E vocês compreendem então, nessas condições, por que e como um saber técnico como a medicina, ou melhor, o conjunto constituído por medicina e higiene, vai ser no século XIX um elemento, não o mais importante, mas aquele cuja importância será considerável dado o vínculo que estabelece entre as influências científicas sobre os processos biológicos e orgânicos (isto é, sobre a população e sobre o corpo) e, ao mesmo tempo, na medida em que a medicina vai ser uma técnica política de intervenção, com efeitos de poder próprios. A medicina é um saber-poder que incide ao mesmo tempo sobre o corpo e sobre a população, sobre o organismo e sobre os processos biológicos e que vai, portanto, ter efeitos disciplinares e efeitos regulamentadores.

No que diz respeito à disciplina do Biodireito, a medicina é sua pedra de toque, tanto que em Portugal é conhecida como Direito da Medicina, podendo representar, portanto, uma das correlações entre Biopolítica e Biodireito.

Contudo, há um elemento, além da medicina, que vai circular entre os poderes disciplinar e regulador, que se aplica tanto ao corpo quanto à população, que é a norma. A sociedade de normalização para Foucault (2010a, p. 213): "é uma sociedade em que se cruzam, conforme uma articulação ortogonal, a norma da disciplina e a norma da regulamentação". Isso quer dizer que as normas se encontram em uma posição perpendicular, de modo que toda a sociedade é abarcada por elas. Foucault (2010a, p. 213) continua e explicita:

> Dizer que o poder, no século XIX, tomou posse da vida, dizer pelo menos que o poder, no século XIX, incumbiu-se da vida, é dizer que ele conseguiu cobrir toda a superfície que se estende do orgânico ao biológico, do corpo à população, mediante o jogo duplo das tecnologias de disciplina, de uma parte, e das tecnologias de regulamentação, de outra.

---

[18] Nesse ponto abre-se uma nota para explicitar a teoria da degenerescência, que seria uma teoria criada na França, em meados do século XIX, pelos alienistas, como Morel, Legrain e Magnan: "essa teoria da degenerescência, fundamentada no princípio da transmissibilidade da tara chamada hereditária, foi o núcleo do saber médico sobre a loucura e a anormalidade na segunda metade do século XIX. Muito cedo adotada pela medicina legal, ela teve efeitos consideráveis sobre as doutrinas e as práticas eugênicas e não deixou de influenciar toda uma literatura, toda uma criminologia e toda uma antropologia" (Foucault, 2010a, p. 222).

O século XIX foi, justamente, o período em que surge a Bioética e, por conseguinte, o Biodireito. Exatamente quando o poder se encarregou da vida, do controle do corpo e da população, fazendo nascer um Biopoder. Assim como o Biopoder, a Bioética e o Biodireito também tratam da vida, estabelecendo princípios e regras de conduta que propiciem a sobrevivência, portanto, o fazer viver. Entretanto, cabe uma observação: quando se trata de assuntos polêmicos, não necessariamente escolhe-se a sobrevivência. Exemplos são os casos relacionados ao aborto, eutanásia e uso de células tronco embrionárias.

2.2 Paradoxos do Biopoder e racismo

Apesar de tudo que foi exposto a respeito do Biopoder, há paradoxos que propiciam questionamentos. É o caso da bomba atômica, pois no poder de lançar a bomba há tanto o poder de soberania que mata, quanto há também o poder de matar a própria vida. Desse modo, a utilização da bomba atômica representa o poder soberano e não Biopoder, então seria o direito soberano sobre o Biopoder. Porém, pode ocorrer o inverso, que é o excesso de Biopoder sobre o direito soberano, que aparece quando da possibilidade de fabricar vírus incontroláveis e que possam destruir a humanidade.

Outro questionamento a respeito dos paradoxos do Biopoder que Foucault faz é: por que um poder que se preocupa em fazer viver acaba por matar? É nesse momento que Foucault entende que surge o racismo[19], que o define como:

> É, primeiro, o meio de introduzir afinal, nesse domínio da vida de que o poder se incumbiu, um corte: o corte entre o que deve viver e o que deve morrer. No contínuo biológico da espécie humana, o aparecimento das raças, a distinção das raças, a hierarquia das raças, a qualificação de certas raças como boas e de outras, ao contrário, como inferiores, tudo isso vai ser uma maneira de fragmentar esse campo do biológico de que o poder se incumbiu; uma maneira de

---

[19] Foucault não quer sugerir que o racismo aparece nessa época, ou seja, a partir do século XVIII, pois reconhece que ele já existia há muito tempo, porém funcionava de outro modo. O que teria inserido o racismo nos mecanismos do Estado foi justamente o Biopoder. A partir do racismo na esfera estatal é permitido ao poder tratar uma população como uma espécie de mistura de raças, a qual pode ser subdividida. Nesse sentido, uma das funções do racismo é fragmentar, separar os grupos no interior desse contínuo biológico a que se dirige o Biopoder.

defasar, no interior da população, uns grupos em relação aos outros. Em resumo, de estabelecer uma cesura que será do tipo biológico no interior de um domínio considerado como sendo precisamente um domínio biológico (Foucault, 2010a, p. 214).

Foucault (2010a, p. 215) apresenta, ainda, uma segunda função para o racismo:

> Mas o racismo faz justamente funcionar, faz atuar essa relação de tipo guerreiro – "se você quer viver, é preciso que o outro morra" – de uma maneira que é inteiramente nova e que, precisamente, é compatível com o exercício do Biopoder. De uma parte, de fato, o racismo vai permitir estabelecer, entre a minha vida e a morte do outro, uma relação que não é uma relação militar e guerreira de enfrentamento, mas uma relação do tipo biológico: "quanto mais as espécies inferiores tenderem a desaparecer, quanto mais os indivíduos anormais forem eliminados, menos degenerados haverá em relação à espécie, mais eu – não enquanto indivíduo mas enquanto espécie – viverei, mais forte serei, mais vigoroso serei, mais poderei proliferar". A morte do outro não é simplesmente a minha vida, na medida em que seria minha segurança pessoal; a morte do outro, a morte da raça ruim, da raça inferior (ou do degenerado, ou do anormal), é o que vai deixar a vida em geral mais sadia; mais sadia e mais pura.

As funções do racismo coadunam-se à concepção de eugenia. Para o movimento eugênico seria possível, por meio da seleção criteriosa de casais, fazer com que só nascessem crianças com a melhor constituição genética, com o fim de construir uma raça pura.

Compreende-se, dessa forma, que a tese científica do evolucionismo de Darwin vai representar o fundamento teórico do racismo, no plano da Biopolítica. Assim, a concepção evolucionista, não propriamente a teoria evolucionista, mas o conjunto de suas noções, tais como a hierarquia das espécies, a luta pela sobrevivência entre as espécies, a seleção que só mantêm aqueles que melhor se adequam ao meio, naturalizou-se no século XIX e serviu de justificativa para: "pensar as relações da colonização, a necessidade das guerras, a criminalidade, os fenômenos da loucura e da doença mental, a história da sociedade com suas diferentes classes, etc." (Foucault, 2010a, p. 216). Nesse sentido, o evolucionismo serviu para dar caráter científico ao discurso político, ou seja, transcrevendo em termos biológicos o discurso político, o que, na verdade, proporciona uma suposta credibilidade ao discurso.

Foucault reflexiona sobre o racismo na Biopolítica:

> O racismo vai se desenvolver *primo* com a colonização, ou seja, com o genocídio colonizador. Quando for preciso matar pessoas, matar populações, matar civilizações, como se poderá fazê-lo, se se funcionar no modo do Biopoder? Através dos temas do evolucionismo, mediante um racismo. [...] Na guerra, vai se tratar de duas coisas, daí em diante: destruir não simplesmente o adversário político, mas a raça adversa, essa [espécie] de perigo biológico representado, para a raça que somos, pelos que estão à nossa frente. [...] Poderíamos dizer a mesma coisa a propósito da criminalidade. Se a criminalidade foi pensada em termos de racismo, foi igualmente a partir do momento em que era preciso tornar possível, num mecanismo de Biopoder, a condenação à morte de um criminoso ou seu isolamento. Mesma coisa com a loucura, mesma coisa com as anomalias diversas (Foucault, 2010a, p. 216-217).

Nesse sentido, enquanto a soberania tinha o poder de fazer morrer e deixar viver, o Biopoder, ao contrário, tem o poder de fazer viver e deixar morrer. No entanto, restava a pergunta, como a morte era exercida no sistema político do Biopoder? Ao que Foucault responde, dizendo que a morte se daria por meio do racismo, não baseado em ideologia, ou no ódio entre as raças, na verdade seria um racismo biológico, ligado a uma tecnologia de poder, de modo que assegura a função de morte na economia do Biopoder, baseado no princípio de que a morte do outro significa o fortalecimento biológico da própria pessoa, enquanto pertencente a uma raça diversa do outro. A morte do outro não é simplesmente a segurança para que eu continue vivo; a morte do outro representa a morte da raça ruim, da raça inferior (degenerada, anormal), deixando, portanto, a vida em geral mais sadia e pura.

Portanto, Foucault (2010a, p. 218) observa sobre o Estado nazista:

> Vocês compreendem então, nessas condições, como e por que os Estados mais assassinos são, ao mesmo tempo, forçosamente os mais racistas. É claro, aí temos de tomar o exemplo do nazismo. Afinal de contas, o nazismo é, de fato, o desenvolvimento até o paroxismo dos mecanismos de poder novos que haviam sido introduzidos desde o século

> XVIII. Não há Estado mais disciplinar, claro, do que o regime nazista; tampouco há Estado onde as regulamentações biológicas sejam adotadas de uma maneira mais densa e mais insistente. Poder disciplinar, Biopoder: tudo isso percorreu, sustentou a muque a sociedade nazista (assunção do biológico, da procriação, da hereditariedade; assunção também da doença, dos acidentes). Não há sociedade a um só tempo mais disciplinar e mais previdenciária do que a que foi implantada, ou em todo caso projetada, pelos nazistas. O controle das eventualidades próprias dos processos biológicos era um dos objetivos imediatos do regime.

A obsessão do regime nazista pelo extermínio dos judeus era tal que foi feita toda sorte de experimentos para transformar as pessoas no que eles entendiam por raça superior, inclusive injetando tinta azul nos olhos das crianças para tentar fazer com que seus olhos ficassem azuis. Era um regime biopolítico por excelência, no qual o movimento eugenista dos Estados Unidos encontra em Adolf Hitler um grande admirador e passa a colocá-lo em prática. O racismo manifestado na Alemanha nazista é justamente aquele que defende a ideia de que uma raça deve ser exterminada para que a outra possa sobreviver.

Além disso, há uma especificidade nesse regime, apontada por Foucault (2010a, p. 218):

> Esse poder de matar, que perpassa todo o corpo social da sociedade nazista, se manifesta, antes de tudo, porque o poder de matar, o poder de vida e de morte é dado não simplesmente ao Estado, mas a toda uma série de indivíduos, a uma quantidade considerável de pessoas (sejam os SA, os SS, etc.). No limite, todos têm o direito de vida e de morte sobre o seu vizinho, no Estado nazista, ainda que fosse pelo comportamento de denúncia, que permite efetivamente suprimir, ou fazer suprimirem, aquele que está ao seu lado.

A possibilidade de as pessoas denunciarem até os seus próprios vizinhos fazia com que tivessem poder de morte uns sobre os outros; dessa forma, o controle se tornava ainda maior, favorecendo o próprio regime nazista. Alguns alemães que se solidarizavam aos judeus tinham de empreender esquemas espetaculares para poder esconder ou ajudar na fuga de judeus e até mesmo de crianças judias.

Contudo, Bertani e Fontana, citando Foucault a respeito dos regimes fascistas e stalinistas, revelam:

> O fascismo e o stalinismo utilizaram e ampliaram os mecanismos já presentes na maioria das outras sociedades. Não somente isso, mas apesar de sua loucura interna, eles utilizaram, numa larga medida, as ideias e os procedimentos de nossa racionalidade política (Bertani; Fontana, 2010 *apud* Foucault, 2010a, p. 236).

Os comentadores supra ainda afirmam que um dos objetivos essenciais é verificar a utilização de Biopolíticas raciais pelo fascismo e o stalinismo, que dizem aparecer na aula de 17 de março de 1976 que se estuda aqui:

> Continuidade também do fascismo e do stalinismo nas Biopolíticas de exclusão e de exterminação do politicamente perigoso e do etnicamente impuro – Biopolíticas introduzidas já no século XVIII pelo policiamento médico e assumidas, no século XIX, pelo darwinismo social, pelo eugenismo, pelas teorias médico-legais da hereditariedade, da degenerescência e da raça. (Bertani; Fontana, 2010 *apud* Foucault, 2010a, p. 236).

Bertani e Fontana (2010 *apud* Foucault, 2010a, p. 244) ainda revelam que:

> Quanto ao racimo, foi um tema que apareceu e que foi abordado nos seminários e nos cursos sobre a psiquiatria, sobre as punições, sobre os anormais, sobre todos esses saberes e práticas em que, em torno da teoria médica da "degenerescência", da teoria médico-legal do eugenismo, do darwinismo social e da teoria penal da "defesa social", elaboram-se, no século XIX, as técnicas de discriminação, de isolamento e de normalização dos indivíduos "perigosos": a aurora precoce das purificações étnicas e dos campos de trabalho que um criminalista francês do final do século XIX, J. Léveeillé, por ocasião de um Congresso Internacional Penitenciário em São Petersburgo, aconselhava a seus colegas russos construírem na Sibéria, como lembra o próprio Foucault. Nasceu um novo racismo quando o "saber da hereditariedade" – ao qual Foucault planejava consagrar suas futuras pesquisas, em seu texto de candidatura ao Collège de France – se acoplou com a teoria psiquiátrica da degenerescência. Dirigindo-se a seu auditório, ele dizia no fim de sua última aula (18 de março de 1975) do curso de 1974-1975 sobre *Os anormais*: "Vocês veem como a psiquiatria pôde efetivamente, a partir da noção de degenerescência, a

partir das análises da hereditariedade, ligar-se, ou melhor, dar azo a um racismo." E o nazismo – acrescentava ele – nada mais faria que "ligar", por sua vez, esse novo racismo, como meio de defesa interna da sociedade contra os anormais, ao racismo étnico que era endêmico no século XIX.

Em *Os anormais* (2010b), Foucault, logo no início, apresenta relatórios psiquiátricos, dados em julgamentos de indivíduos que haviam cometido assassinatos ou roubos em que a homossexualidade era considerada doença. Em um dos casos, o fato de um dos réus ter sido criado apenas pela mãe, sem ter conhecido o pai, já seria suficiente para condená-lo a uma vida de crime.

2.3 Segurança, território, população

2.3.1 Segurança

Iniciando outro curso no Collège de France, intitulado *Segurança, Território, População* (aulas de 1977-1978), Michel Foucault principia a aula de 11 de janeiro de 1978 dizendo que vai começar o estudo do Biopoder, muito embora ele já o tenha iniciado no curso anterior (*Em defesa da sociedade*), e assim conceitua o Biopoder (2008h, p. 3):

> Série de fenômenos que me parece bastante importante, a saber, o conjunto dos mecanismos pelos quais aquilo que, na espécie humana, constitui suas características biológicas fundamentais vai poder entrar numa política, numa estratégia política, numa estratégia geral de poder. Em outras palavras, como a sociedade, as sociedades ocidentais modernas, a partir do século XVIII, voltaram a levar em conta o fato biológico fundamental de que o ser humano constitui uma espécie humana. É em linhas gerais o que chamo, o que chamei, para lhe dar um nome, de Biopoder.

Foucault parte do pressuposto de que sua tese não é uma teoria sobre o que é o poder, mas um início de teoria do poder, na qual é preciso admitir que o poder não é uma substância, uma coisa a ser possuída, tampouco um fluido, ou algo que decorreria disso ou daquilo, mas que ele, simplesmente, é um conjunto de mecanismos e de procedimentos que têm como papel ou função e tema manter o próprio poder.

Segundo Foucault (2008h, p. 4):

> O poder não se funda em si mesmo e não se dá a partir de si mesmo. [...] Não haveria, por exemplo, relações de tipo familiar que tivessem, a mais, mecanismos de poder, não haveria relações sexuais que tivessem, a mais, ao lado, acima, mecanismos de poder. Os mecanismos de poder são parte intrínseca de todas essas relações, são circularmente o efeito e a causa delas, mesmo que, é claro, entre os diferentes mecanismos de poder que podemos encontrar nas relações de produção, nas relações familiares, nas relações sexuais, seja possível encontrar coordenações laterais, subordinações hierárquicas, isomorfismos, identidades ou analogias técnicas, efeitos encadeados que permitem percorrer de uma maneira ao mesmo tempo lógica, coerente e válida o conjunto dos mecanismos de poder e apreendê-los no que podem ter de específico num momento dado, durante um período dado, num campo dado.

Conceituando filosofia como política da verdade, Foucault pretende, por meio da análise das relações de poder, mapear os efeitos de saber que surgem na sociedade a partir das lutas, choques e combates que se desenrolam, e pelas técnicas de poder utilizadas nessas lutas.

Ao iniciar o tema propriamente do curso proposto, aparece a primeira pergunta: o que é segurança? Para responder utiliza um exemplo modulado em três tempos, que servirão para atingir um objetivo determinado, qual seja (Foucault, 2008h, p. 8):

> De maneira geral, a questão que se coloca será a de saber como, no fundo, manter um tipo de criminalidade, ou seja, o roubo, dentro de limites que sejam social e economicamente aceitáveis e em torno de uma média que vai ser considerada, digamos, ótima para um funcionamento social dado.

Dessa forma, o primeiro exemplo vem a ser: o sistema legal que corresponde ao funcionamento penal arcaico, compreendendo o período da Idade Média aos séculos XVII-XVIII. Sistema de divisão binária entre o permitido e o proibido, no qual a lei é criada e em seguida estabelecida uma punição para aqueles que infringem a lei.

O segundo tempo é o moderno, contado a partir do século XVIII: nesse momento, é usado um mecanismo disciplinar, caracterizado pelo fato de que dentro do sistema jurídico binário aparece um terceiro personagem, que é o culpado, juntamente a uma série de técnicas policiais, médicas e psicológicas.

Finalmente, o terceiro é o sistema contemporâneo, que corresponde ao dispositivo de segurança (Foucault, 2008h, p. 9):

> Dispositivo de segurança que vai, para dizer as coisas de maneira absolutamente global, inserir o fenômeno em questão, a saber, o roubo, numa série de acontecimentos prováveis. Em segundo lugar, as reações do poder, ante esse fenômeno vão ser inseridas num cálculo que é um cálculo de custo. Enfim, em terceiro lugar, em vez de instaurar uma divisão binária entre o permitido e o proibido, vai-se fixar de um lado uma média considerada ótima e, depois, estabelecer os limites do aceitável, além dos quais a coisa não deve ir.

Nesse sentido, o que se percebe são dispositivos que têm objetivos muito bem delimitados: a quantidade de crimes suportados, não a erradicação dos crimes, como se costuma alegar, tampouco a preocupação em resolver os problemas relacionados à segurança, mas apenas o interesse em eliminar os que incomodam o sistema.

Uma importante observação de Foucault a respeito dos três momentos relatados é a de que eles não se apresentam de modo estanque, ou seja, não termina um para começar o outro. Desse modo, não se deve separar a era do legal, a era do disciplinar e a era da segurança. O que se altera, na verdade, são as técnicas em si, ou melhor, a dominante apresentada em cada caso, sendo, portanto, o sistema de correlação entre os mecanismos jurídico-legais, os mecanismos disciplinares e os mecanismos de segurança.

A partir de então, Foucault apresenta alguns exemplos que melhor descrevem o que tenta explicitar, sendo o primeiro exemplo (2008h, p. 12):

> A técnica celular, a detenção em células é uma técnica disciplinar. Vocês podem perfeitamente fazer a história dela, que remonta a bem longe. Vocês já a encontram muito empregada na era do jurídico-legal. Encontram-na empregada no caso de pessoas que têm dívidas, encontram-na empregada, sobretudo na ordem religiosa.

O segundo exemplo é a estatística dos crimes entendida como técnica de segurança (Foucault, 2008h, p. 12): "A estatística dos crimes é coisa que não data de hoje, mas tampouco é coisa muito antiga. Na França, são os célebres Balanços do Ministério da Justiça que possibilitam, a partir de 1826, a estatística dos crimes".

O terceiro exemplo de Foucault é o mais importante para esta análise. Trata-se da varíola ou práticas de inoculação que se apresentam a partir do século XVIII. Para esse tema o problema fundamental vai ser o de saber: quantas pessoas foram contaminadas pela varíola? Em que idade? Quais os efeitos que a doença teve sobre elas? Qual o índice de mortalidade causado pela varíola? Que sequelas derivaram da doença? A quais riscos as pessoas que foram inoculadas estão expostas? E ainda que seja inoculado, qual seria a probabilidade de esse indivíduo morrer ou ser contaminado pela varíola? Quais os resultados estatísticos que se tem da população em geral? Essas perguntas não fazem mais parte da preocupação que se tinha na exclusão que se viu com a lepra, nem mesmo na quarentena, com o período da peste, elas se relacionam, contudo, como esclarece Foucault, com o problema das epidemias e com as campanhas médicas que procuravam interromper os fenômenos epidêmicos.

Assim Foucault inicia o curso, propondo-se a realizar uma investigação histórica das tecnologias de segurança, e questiona se é possível falarmos em uma sociedade de segurança. Para ele, a segurança é uma maneira de fazer funcionar as velhas estruturas da lei e da disciplina.

> Trata-se da emergência de tecnologias de segurança no interior, seja de mecanismos que são propriamente mecanismos de controle social, como no caso da penalidade, seja dos mecanismos que têm por função modificar em algo o destino biológico da espécie. Então, e é essa a questão central do que eu gostaria de analisar, poderíamos dizer que em nossas sociedades a economia geral de poder está se tornando da ordem da segurança? (Foucault, 2008h, p. 15).

Sobre a pergunta assinalada supra, acredito que a resposta seja sim; em nossas sociedades, a economia geral de poder está se tornando da ordem da segurança. Mais tarde, em *Nascimento da Biopolítica*, Foucault trata de como a sociedade liberal se tornou a sociedade do medo, da insegurança, em que se alimenta uma cultura de insegurança. Notícias que veiculam constantemente a violência, uma verdadeira contagem dos mortos nos ataques terroristas e nas periferias das capitais do Brasil.

2.3.2 Normalização disciplinar

Em continuação, na aula de 25 de janeiro de 1978, ainda em *Segurança, Território e População*, Foucault trata da normalização, para quem o mais importante é explicitar como se desenvolvem as técnicas de normalização, que surgem até mesmo na contramão do sistema da lei. Com isso, a pergunta se torna: o que vem a ser a normalização disciplinar?

Em primeiro lugar, ao se estabelecer a análise da disciplina, verifica-se que esta decompõe os indivíduos, os lugares, os tempos, os gestos, os atos e as operações, porquanto, o quadriculamento disciplinar procura estabelecer os elementos mínimos de percepção e modificá-los. Além disso, a classificação que a disciplina determina é em função de um objetivo específico. Dessa forma, a disciplina passa a se questionar quais seriam os melhores procedimentos a se tomar para se alcançar o melhor resultado possível de tudo aquilo que se deseja fazer. Em terceiro lugar, a disciplina define a linha de encadeamento de passos que se devem seguir para atingir os resultados ótimos. Finalmente, a disciplina constitui "os procedimentos de adestramento progressivo e de controle permanente" (Foucault, 2008h, p. 75). É a partir de então que é feita a demarcação entre o normal e o anormal, porque toda a classificação e treinamento que a disciplina proporciona passa a definir quem são os inaptos, incapazes e os outros.

> A normalização disciplinar consiste em primeiro colocar um modelo, um modelo ótimo que é construído em função de certo resultado, e a operação de normalização disciplinar consiste em procurar tornar as pessoas, os gestos, os atos, conformes a esse modelo, sendo normal precisamente quem é capaz de se conformar a essa norma e o anormal quem não é capaz (Foucault, 2008h, p. 75).

A partir de então, surge outro questionamento: como se normaliza? É nesse ponto que Foucault vai tomar o exemplo da varíola. Como já exposto, no século XVIII, a varíola apresentava-se como um grande problema, com índices de mortalidade altos, era também um fenômeno endêmico, com surtos epidêmicos intensos. Ocorre que em 1720 com a inoculação ou variolização, e em 1800 com a vacinação, viu-se um sucesso de técnicas impensáveis para a medicina da época.

Porém, o mais interessante a respeito da variolização, mais do que na vacinação, era que a técnica da variolização consistia na aplicação no paciente da própria doença da varíola, porém em uma dose menor, como uma pequena doença artificialmente inoculada, que tinha a propriedade de inibir os outros eventuais ataques da varíola. Tratava-se, portanto, de um mecanismo de segurança aceitável para as pessoas e para a polícia médica que existia na época.

A partir da aplicação dessa prática de segurança, o que se vê é que a concepção de doença reinante que se tinha na época cai por terra. A doença reinante era definida pela medicina do século XVII e até mesmo do século XVIII, como um tipo de doença principal, relacionada a um país, uma cidade, um clima, um grupo de pessoas, uma região, ou até mesmo um modo de vida. Assim, no momento em que se passa a calcular os índices de morte provocados pela varíola, bem como o êxito e fracasso relacionados às técnicas de variolização, a doença deixou de ser vinculada ao aspecto de doença reinante, para ser entendida a partir da noção de caso. Essa noção de caso deve ser entendida não como o caso individual, mas como uma forma de individualizar o fenômeno coletivo da doença, porém seria no que se refere à quantificação, ao racional e ao identificável.

Em seguida à noção de caso, vem a de risco de morbidade, isso porque, se há a possibilidade de se analisar a incidência da doença, é possível também determinar quais aqueles que se encontram mais vulneráveis a ela, e, por consequência, quem desses está mais propício ao óbito decorrente da varíola. A noção de risco não se restringia somente à morbidade, mas alcançava também o risco de se contaminar com a doença e também o risco de contaminação por meio da vacinação, bem como da variolização.

Juntamente à noção de caso e de risco, surgiu a noção de perigo. Com a verificação de que havia um grupo de pessoas mais sujeitas à contaminação do que outras, seja em razão da idade, do local de moradia, do local de trabalho, foi possível perceber que há uma zona de risco maior de contágio da varíola e outras de menos risco, daí deriva a noção de perigo.

Finalmente, junto às demais noções citadas, aparece a noção de crise, que se forma a partir dos fenômenos em que a incidência da varíola aumentava de maneira considerável, multiplicando em um nível muito acelerado, dependendo de um meio artificial, ou natural desconhecido, para ser controlada. Assim, a crise é caracterizada pela disparada circular da doença, que só pode ser contida por um mecanismo natural superior ou de intervenção artificial.

Estabelecendo uma comparação, se analisarmos o modelo médico aplicado à realidade da lepra, o objetivo a ser alcançado era o de tratar a doença em quem estava enfermo e anular o contágio pelo isolamento dos indivíduos não doentes dos doentes. Contudo, no sistema disciplinar da variolização-vacinação, Foucault chama a atenção para o que ele consistia; que era o de estabelecer o coeficiente de morbidade presente na população, ou seja, o que podia ser normalmente esperado em termos de mortalidade provocada pela varíola.

Nesse sentido, pode ser verificada uma diferença de objetivo entre o sistema da lepra e o da varíola. Na variolização, por meio das estatísticas, chegou-se a um critério de morbidade dito normal. Posteriormente, o índice de mortalidade normal da varíola foi dissecado a ponto de que se pudesse perceber quem eram os atingidos pela doença de maneira ainda mais fatal, dividindo a população por idade, região, bairros, para, assim, concluir que as crianças abaixo de três anos eram as mais afetadas pela doença. Foi então que a medicina preventiva passou a agir.

A respeito desse sistema analisado, Foucault (2008h, p. 82-83) opera a seguinte observação:

> Temos, portanto, um sistema que é, creio, exatamente o inverso do que podíamos observar a propósito das disciplinas. Nas disciplinas, partia-se de uma norma e era em relação ao adestramento efetuado pela norma que era possível distinguir depois o normal do anormal. Aqui, ao contrário, vamos ter uma identificação do normal e do anormal, vamos ter uma identificação das diferentes curvas de normalidade, e a operação de normalização vai consistir em fazer essas diferentes distribuições de normalidade funcionarem umas em relação às outras e [em] de sorte que as mais desfavoráveis sejam trazidas às que são mais favoráveis. Temos, portanto, aqui uma coisa que parte do normal e que se serve de certas distribuições consideradas, digamos assim, mais normais que as outras, mais favoráveis em todo caso que as outras. São essas distribuições que vão servir de norma. A norma está em jogo no interior das normalidades diferenciais. O normal é que é primeiro, e a norma se deduz dele, ou é a partir desse estudo das normalidades que a norma se fixa e desempenha seu papel operatório. Logo, eu diria que não se trata mais de uma normação, mas sim, no sentido estrito, de uma normalização.

Na figura da normalização, Foucault estabelece uma diferença entre esta e a regulação disciplinar, enquanto nesta última se procura adestrar todos em relação ao normal, na normalização a norma já está posta e se parte dela para aferir um critério de normalidade do que pode ser alcançado. Assim, o normalizar, não significa trabalhar para se atingir tal fim, mas entender que o possível é o que já se estipulou por meio das estatísticas do que vem a ser o normal de se atingir.

2.4 Nascimento da Biopolítica

Na investigação da Biopolítica, finalmente, adentra-se ao *Nascimento da Biopolítica*, que corresponde ao curso no *Collège de France* dos anos de 1978 e 1979. Na aula de 24 de janeiro de 1979, em que Foucault se debruça sobre o liberalismo, ele classifica a sociedade liberalista como sendo permeada pelo perigo, o que significa que os indivíduos são postos perpetuamente em situação de perigo, ou mesmo são condicionados a sentir que sua vida e até mesmo seu futuro são portadores do perigo.

Assim, o século XIX estaria marcado por uma cultura política do perigo, consubstanciada por uma educação do perigo, pela invasão dos perigos cotidianos, perigos cotidianos perpetuamente animados, atualizados e disseminados. É importante destacar que Foucault faz diferença entre a cultura do perigo que aparece no século XIX e a visão do Apocalipse próprio da Idade Média, em que se nutria, nesta última, as ideias da peste, morte e guerra.

Como exemplos da cultura do medo instituída no século XIX, Foucault (2008b, p. 90-91) apresenta os que seguem:

> Seja, por exemplo, a campanha do início do século XIX sobre as caixas econômicas; vocês veem o aparecimento da literatura policial e do interesse jornalístico pelo crime a partir do meado do século XIX; vocês veem todas as campanhas relativas à doença e à higiene. Vejam tudo o que acontece também em torno da sexualidade e do medo da degeneração: degeneração do indivíduo, da família, da raça, da espécie humana. Enfim, por toda parte vocês veem esse incentivo ao medo do perigo que é de certo modo a condição, o correlato psicológico e cultural interno do liberalismo. Não há liberalismo sem cultura do perigo.

Dessa forma se pode perceber o quanto a Biopolítica serve à sociedade liberalista. O quanto o medo da degeneração do indivíduo subjaz todo o regime capitalista, que deriva em campanhas extensas e intermináveis de higienização em todos os aspectos. O noticiário cotidiano é constante em perpetuar a cultura do medo.

Ainda em *Nascimento da Biopolítica*, na aula de 7 de fevereiro de 1979, no campo do neoliberalismo, Foucault interpreta a sociedade nazista como sendo uma sociedade de massa, sociedade de consumo uniformizadora e normalizadora, sociedade de signos e de espetáculos. Para ele, todos esses fenômenos de uniformização, de massa e espetáculo, estão ligados ao estatismo, que liga ao antiliberalismo e não a uma economia mercantil.

Desde 1900, essa visão descrita de uma sociedade de massa, de consumo, estava ligada à sociedade capitalista, ideias essas difundidas por Sombart[20]. Para ele, a economia e o estado burguês e capitalista teriam produzido uma sociedade de massa e também sujeitado os indivíduos a um tipo de consumo maciço que tem funções de uniformização e normalização, além disso os indivíduos estariam fadados a se comunicar entre si pelo jogo dos signos e dos espetáculos. Entretanto, a promessa do governo nazista era a de propiciar justamente o contrário do que se via nesta sociedade capitalista, contudo Foucault afirma que os nazistas acentuaram essa sociedade de massa. Portanto, para Foucault, esses fenômenos de massa, de uniformização, de espetáculo, tudo isso está ligado ao estatismo, ao antiliberalismo, não a uma economia mercantil.

Assim, Foucault citando os liberais alemães (Foucault, 2008b, p. 155):

> Para resumir tudo isso, que constitui o ponto decisivo da experiência nazista para os liberais de Friburgo é que eles acreditavam poder estabelecer – é essa, digamos, sua escolha de adversário, a maneira como articularam esse campo de adversidade necessário para a definição da sua estratégia – que o nazismo, em primeiro lugar, pertencia a uma invariante econômica indiferente e como que impermeável à oposição socialismo/capitalismo e à organização constitucional dos Estados; em segundo lugar, eles acreditavam poder estabelecer que esse nacional-socialismo era uma invariante absolutamente ligada, como causa e efeito ao mesmo tempo, ao crescimento infinito de um poder de Estado; em terceiro lugar, que essa invariante ligada ao crescimento do Estado tinha por efeito maior, primeiro e visível, uma destruição da rede, do tecido da comunidade social, destruição que pede precisamente, por uma espécie de reação em cadeia, de reação iterativa, um protecionismo, uma economia dirigida e um crescimento do poder de Estado.

---

[20] Werner Sombart (1863-1941) foi um dos principais representantes da última geração da Escola histórica alemã, com reputação de socialista, foi professor de economia em Berlim a partir de 1917 (Foucault, 2008b, p. 176).

Ainda nessa mesma aula de 7 de fevereiro, Foucault mostra mais adiante que os liberalistas alemães, os quais também chama de ordoliberais, passaram a defender a ideia de um Estado sob a vigilância do mercado ao invés de um mercado sob a vigilância do Estado. Uma reviravolta que só pôde ser feita pelos ordoliberais a partir da análise que fizeram sobre o nazismo. Essa reviravolta constitui para Foucault o que há de mais importante no neoliberalismo atual.

> Porque não há que se iludir: o neoliberalismo atual não é, de maneira nenhuma, como se diz muitas vezes, a ressurgência, a recorrência de velhas formas de economia liberal, formuladas nos séculos XVIII e XIX, que o capitalismo atualmente reativaria, por certo número de razões relacionadas tanto à sua impotência, às crises que ele atravessa, quanto a certo número de objetivos políticos ou mais ou menos locais e determinados. Na verdade, o que está em questão nesse neoliberalismo atual, quer se tome a forma alemã que evoco precisamente agora, quer se tome a forma americana do anarcoliberalismo, é uma coisa muito mais importante. O que está em questão é saber se, efetivamente, uma economia de mercado pode servir de princípio, de forma e de modelo para um Estado de cujos defeitos, atualmente, à direita como à esquerda, por uma razão ou por outra, todo o mundo desconfia (Foucault, 2008b, p. 159).

Após a afirmação citada, ou seja, a de que o neoliberalismo atual não é a reativação de velhas formas de economia liberal, Foucault (2008b, p. 160) pergunta: "Será que o mercado pode ter efetivamente um poder de formalização, tanto para o Estado como para a sociedade?". Portanto, não se trata apenas de deixar a economia livre, mas de saber até onde se estenderão os poderes de enformação políticos e sociais da economia de mercado. Ao que Foucault responde que sim, a economia pode enformar o Estado e reformar a sociedade, o contrário também é possível.

Além disso, os ordoliberais ou neoliberais alemães fizeram algumas transformações na doutrina liberal tradicional. Assim, primeiramente, houve um deslocamento da troca pela concorrência como princípio do mercado, pois, enquanto este último era descrito pelos liberais pela troca livre entre dois parceiros, que estabeleciam por sua própria troca uma equivalência entre dois valores, para os neoliberais, contudo, o essencial do mercado estava na concorrência, isto é, que não era a equivalência, mas a desigualdade. O que é importante para os ordoliberais é que o mercado, seja ele definido pela troca, seja ele definido pela concorrência, não se trata de uma espécie de dado natural, algo que produz espontaneamente e que o Estado deveria respeitar, por ser algo natural. Para ordoliberais, isso é uma ingenuidade naturalista.

> Pois, de fato, o que é a concorrência? Não é de modo algum um dado natural. A concorrência, em seu jogo, em seus mecanismos e em seus efeitos positivos que identificamos e valorizamos, não é em absoluto um fenômeno natural, não é o resultado de um jogo natural dos apetites, dos instintos, dos comportamentos, etc. Na realidade, a concorrência não deve seus efeitos senão à essência que ela detém, que a caracteriza e a constitui. A concorrência não deve seus efeitos benéficos a uma anterioridade natural, a um dado natural que ela traria consigo. Ela os deve a um privilégio formal. Pois, de fato, o que é a concorrência? Não é de modo algum um dado natural. A concorrência é uma essência. Pois, de fato, o que é a concorrência? Não é de modo algum um dado natural. A concorrência é um *eîdos*. A concorrência é um princípio de formalização. A concorrência possui uma lógica interna, tem sua estrutura própria. Seus efeitos só se produzem se essa lógica é respeitada. É, de certo modo, um jogo formal entre desigualdades. Não é um jogo natural entre indivíduos e comportamentos (Foucault, 2008b, p. 163).

Nesse sentido, a concorrência como lógica econômica essencial só aparecerá sob certo número de condições artificialmente preparadas. A concorrência é, portanto, um objetivo histórico da arte governamental, não um dado natural a se respeitar, como geralmente se pensa, logo, a concorrência pura não é um dado primitivo. Daí decorre o terceiro deslocamento feito pelos neoliberais:

> Não haverá o jogo do mercado, que se deve deixar livre, e, depois, a área em que o Estado começará a intervir, já que precisamente o mercado, ou antes, a concorrência pura, que é a própria essência do mercado, só pode aparecer se for produzida, e produzida por uma governamentalidade ativa. Vai-se ter portanto uma espécie de justaposição total dos mecanismos de mercado indexados à concorrência e da política governamental. O governo deve acompanhar de ponta a ponta uma economia de mercado. A economia de mercado não subtrai algo do governo. Ao contrário, ela indica, ela constitui o indexador geral sob o qual se deve colocar a regra que vai definir todas as ações gover-

namentais. É necessário governar para o mercado, em vez de governar por causa do mercado. E, nessa medida, vocês veem que a relação definida pelo liberalismo do século XVIII é inteiramente invertida (Foucault, 2008b, p. 164-165).

O que se percebe é que o neoliberalismo não será marcado pelo signo do *laissez-faire*, mas, ao invés disso, sob o signo de uma vigilância e de uma intervenção permanente. Assim, o problema do neoliberalismo é descobrir como se pode regular o poder político com base em princípios da economia de mercado, ou seja, projetar esses princípios em uma arte geral de governar.

Em seguida, na aula de 14 de fevereiro de 1979, Foucault apresenta três exemplos para mostrar como os neoliberais definem o estilo de ação governamental, que são a questão do monopólio; o problema daquilo que os neoliberais chamam de ação econômica conforme; e o problema da política social. Diferentemente das políticas de bem-estar social, o governo neoliberal não tem por objetivo corrigir os efeitos destruidores do mercado sobre a sociedade. Seu papel é intervir sobre a própria sociedade em sua trama e em sua espessura. O governo neoliberal intervém na sociedade para que os mecanismos concorrenciais possam agir como reguladores, pois a sua função é a constituição de um regulador de mercado geral da sociedade. Trata-se de um governo de sociedade, não um governo econômico.

Especificamente, no que se refere à política social, entendida como aquela que tem por objetivo uma relativa repartição do acesso de cada um aos bens de consumo, pode-se aferir que a política social, em uma economia de bem-estar, é concebida com base em três fundamentos principais que Foucault apresenta: primeiro, o contrapeso a processos econômicos selvagens que produzem desigualdade e efeitos destruidores na sociedade; segundo, a socialização de certos elementos de consumo; e, terceiro, o crescimento econômico, quanto maior este for, mais a política social deve ser ativa, intensa e generosa.

Contudo, Foucault explicita que os ordoliberais põem em xeque os três princípios citados supra correspondentes à política de bem-estar social. Assim, segundo ele, seria contraditório para os ordoliberais que uma política social para se integrar a uma política econômica seja o contrapeso desta última, tampouco compensar os efeitos dos processos econômicos. Além disso, a igualização e a repartição do acesso de cada um aos bens de consumo não podem de modo algum constituírem um objetivo, justamente porque no sistema neoliberal a regulação econômica, isto é, o mecanismo dos preços, não se obtém por meio de igualização, mas por um jogo de diferenciações, que é próprio de todo mecanismo de concorrência. Portanto, para esse sistema é necessário que haja empregados e desempregados, ricos e pobres, que os preços também subam e desçam, para que as regulações se façam, ou seja, uma política social que visasse à igualização seria por si só antieconômica.

Nessa nova arte de governar, Foucault entende que não se trata mais da sociedade mercantil, ou seja, daquele modelo de sociedade de massa, da sociedade de consumo, da sociedade do espetáculo, dos simulacros, da velocidade, a qual Sombart mencionava desde 1903. A sociedade regulada, pensada pelos neoliberais, não é a da troca das mercadorias, mas a dos mecanismos da concorrência. Para Foucault, o *homo oeconomicus* que se quer reconstituir não é o da troca, o do consumo, mas sim o homem da empresa e da produção.

No campo jurídico, Foucault cita o organizador do colóquio Walter Lippmann ocorrido em 1939, Louis Rougier (*apud* Foucault, 2008b, p. 223):

> O regime liberal não é apenas o resultado de uma ordem natural espontânea, como declaravam, no século XVIII, os numerosos autores dos *Códigos da natureza*; é também o resultado de uma ordem legal que supõe um intervencionismo jurídico do Estado. A vida econômica, de fato, se desenrola num quadro jurídico que estabelece o regime da propriedade, dos contratos, das patentes de invenções, da falência, do estatuto das associações profissionais e das sociedades comerciais, a moeda e a banca, coisas essas que não são dados da natureza, como as leis do equilíbrio econômico, mas criações contingentes do legislador. Não há pois razão alguma para supor que as instituições legais, historicamente existentes na hora atual, sejam de forma definitiva e permanente as mais apropriadas à salvaguarda da liberdade das transações. A questão do quadro legal mais apropriado ao funcionamento menos rígido, mais eficaz, mais leal do mercado foi negligenciada pelos economistas clássicos e mereceria ser objeto de um *Centro Internacional de Estudos para a Renovação do Liberalismo*.

Com isso, Foucault explicita que a figura histórica do capitalismo só pode ser entendida se for levado em consideração o papel do direito em sua formação e em sua gênese. A história do capitalismo é uma história econômico-institucional. O direito funcionaria, então, como o elemento primordial para propiciar e manter a concorrência.

Já na aula de 14 de março de 1979, Foucault vai traçar o que distingue o neoliberalismo norte-americano do neoliberalismo aplicado na Alemanha e na França. Em primeiro lugar, é analisada a teoria do capital humano, próprio da concepção neoliberal norte-americana.

> O interesse, creio, dessa teoria do capital humano está no seguinte: é que essa teoria representa dois processos, um que poderíamos chamar de incursão da análise econômica num campo até então inexplorado e, segundo, a partir daí e a partir dessa incursão, a possibilidade de reinterpretar em termos econômicos e em termos estritamente econômicos todo um campo que, até então, podia ser considerado, e era de fato considerado, não-econômico (Foucault, 2008b, p. 302).

Em outro momento, ainda na aula de 14 de março de 1979, Foucault explicita o que seria o capital humano. Assim, o capital humano seria composto de elementos inatos e outros adquiridos, aqueles também podem ser chamados de hereditários. A respeito desses elementos hereditários, Foucault (2008b, p. 312) expressa o seguinte:

> Sobre esse problema dos elementos hereditários do capital humano, não creio que haja atualmente estudos feitos, mas vê-se muito bem como eles poderiam ser feitos, e sobretudo vê-se muito bem, através de um certo número de inquietudes, de preocupações, de problemas, etc., como está nascendo uma coisa que poderia ser conforme a preferência, interessante ou inquietante.

Nessa parte destacada já aparece uma preocupação de Foucault com relação à genética, que possibilita o surgimento dos elementos hereditários do capital humano. Contudo, antes de adentrar o tema da genética, Foucault faz uma pequena observação, pois informa que para os neoliberais clássicos, como Schultz e Becker, a constituição do capital humano só passa a ter alguma relevância para os economistas, na medida em que este se forma pela utilização de recursos raros que atenderiam a um objetivo.

Nesse momento, Foucault explicita como elementos genéticos podem ser manipulados, ainda que hereditários:

> Ela (a genética) possibilita, em particular, estabelecer para um indivíduo dado, qualquer que seja ele, as probabilidades

> de contrair este ou aquele tipo de doença, numa idade dada, num período dado da vida ou de uma maneira totalmente banal num momento qualquer da vida. Em outras palavras, um dos interesses atuais da aplicação da genética às populações humanas é possibilitar reconhecer os indivíduos de risco e o tipo de risco que os indivíduos correm ao longo da sua existência. Vocês me dirão: também nesse caso não podemos fazer nada, nossos pais nos fizeram assim. Sim, claro, mas, a partir do momento em que se pode estabelecer quais são os indivíduos de risco e quais são os riscos para que a união de indivíduos de risco produza um indivíduo que terá esta ou aquela característica quanto ao risco de que será portador, pode-se perfeitamente imaginar o seguinte: que os bons equipamentos genéticos – isto é, os que poderão produzir indivíduos de baixo risco ou cujo grau de risco não será nocivo, nem para eles, nem para os seus, nem para a sociedade -, esses bons equipamentos genéticos vão se tornar certamente uma coisa rara, e na medida em que será uma coisa rara poderão perfeitamente entrar, e será perfeitamente normal que entrem, em circuitos ou em cálculos econômicos, isto é, em opções alternativas. Em termos claros, isso quererá dizer que, dado o meu equipamento genético, se eu quiser ter um descendente cujo equipamento genético seja pelo menos tão bom quanto o meu ou tanto quanto possível melhor, terei mesmo assim de encontrar para me casar alguém cujo equipamento genético também seja bom (Foucault, 2008b, p. 314).

Dessa forma, Foucault confirma o interesse econômico sobre o capital humano, pois esse processo de procurar um parceiro geneticamente saudável para produzir filhos geneticamente melhores passa a se tornar um problema econômico, em função da raridade dos bons equipamentos genéticos. Assim, Foucault (2008b, p. 314) conclui:

> E, se vocês quiserem ter um filho cujo capital humano, entendido simplesmente em termos de elementos inatos e elementos hereditários, seja elevado, fica claro que será necessário, da parte de vocês, todo um investimento, isto é, ter trabalhado suficientemente, ter renda suficiente, ter uma condição social tal que lhes permitirá tomar por cônjuge, ou por co-produtor desse futuro capital humano, alguém cujo capital também seja importante. Não lhes digo isso, em absoluto no limite da brincadeira; é simplesmente uma forma de pensar ou uma forma de problemática que está atualmente em estado de emulsão.

Para a realidade neoliberal o investimento no capital humano é necessário para a formação da competência-máquina, que se estende desde a escolha genética até a todo o tempo que é dedicado à criança para que ela se desenvolva o máximo possível, para além da educação formal que receberá da escola e mesmo profissional. Porém, o que é mais importante para este estudo é que, atualmente, a capacidade de alteração genética e escolha genética dos filhos tornou-se consideravelmente mais minuciosa e de controle ainda maior, pois mais do que se casar com um parceiro com um equipamento genético bom, é possível escolher esse aparelho genético no próprio laboratório.

Como este trabalho se propõe a problematizar a Bioética e o Biodireito, a partir da noção da Biopolítica em Michel Foucault, apresentando uma reflexão a esse campo do saber é que o próximo capítulo ocupa-se de uma análise mais detida sobre a Bioética e o Biodireito. Nas considerações supra, sobre o neoliberalismo, evidencia-se o fundamental papel do direito no quadro econômico, dando condições para o mercado de concorrência; nesse contexto atual, de grandes inovações biotecnológicas e de extraordinários avanços na engenharia genética, há que se indagar: qual seria o papel do Biodireito para a formação do capital humano?

CAPÍTULO III

BIOÉTICA E BIODIREITO

3.1 Bioética

Após a análise da noção de Biopolítica problematizada por Michel Foucault, cabe agora apresentar a Bioética e o Biodireito. Por tal motivo, se procurou iniciar com o contexto histórico da Bioética, para depois explicitar seu conceito, em seguida são analisados modelos bioéticos, os quais se baseiam em diferentes linhas filosóficas para, finalmente, discorrer sobre seus princípios.

No tocante ao Biodireito, optou-se também por descrever o contexto histórico de formação deste para então se analisar seu conceito. Deu-se preferência pela consideração do Biodireito Constitucional, estudando seus princípios regentes. Porém, ao final, é realizada uma breve crítica sobre os Direitos Humanos e a ideia de dignidade humana.

3.1.1 Contexto histórico

Na década de 1970, o médico psiquiatra Jay Katz denunciou uma série de abusos cometidos nos Estados Unidos em relação à experimentação científica com seres humanos. Os casos que vieram à tona e chegaram ao conhecimento do público e, portanto, escandalizaram a sociedade da época, tornaram-se paradigmáticos para o estudo de uma área do conhecimento que ficou conhecida como Bioética.

Assim, dentre os casos denunciados, um deles foi a pesquisa sobre a sífilis feita com 600 indivíduos afro-americanos, do sexo masculino, de Tuskegee, no estado do Alabama, EUA, entre 1932 e 1972, conhecido como o caso do "sangue mau" (*bad blood*). Nesse episódio, os pesquisadores envolvidos sonegaram informações e o tratamento adequado disponível à época, que era a penicilina, a 399 portadores da doença, com o escopo de estudar seus efeitos a longo prazo no ser humano. A experiência só será interrompida 40 anos mais tarde, quando em 1972 o evento foi denunciado na primeira página do *New York Times*. Uma comissão, nomeada pelo *Departement of Health, Education and Welfare*, conclui em 1973 que o caso era antiético e devia ser interrompido imediatamente, argumentando que "a sociedade não pode mais permitir que o equilíbrio entre direitos individuais e o progresso científico seja determinado unicamente pela comunidade científica" (Schramm, 1997, p. 230).

Outro caso também paradigmático para o estudo da Bioética foi o ocorrido no *Jewish Chronic Disease Hospital* do Brooklyn em Nova York, em 1964, no qual houve a injeção de células hepáticas cancerígenas vivas, feita em 22 pacientes idosos. Os médicos achavam que podiam fazer qualquer tipo de pesquisa desde que fosse, supostamente, em benefício da humanidade porque contribuiria para o avanço da ciência. Os pacientes não foram suficientemente, nem adequadamente, informados para poder dar seu consentimento esclarecido. Os médicos foram, portanto, declarados culpados pelo *Board of Regents* do Estado de Nova York por infringir a deontologia profissional e por fraude e dolo na prática da medicina (Schramm, 1997, p. 230).

Ainda sobre experimentação científica com seres humanos, há o caso da infecção intencional com o vírus da hepatite em aproximadamente 700 a 800 crianças excepcionais graves do *Willowbrook State School for the Retarded*, ocorrida entre 1956 e 1970. A pesquisa aumentava o risco de desenvolver doenças hepáticas crônicas, já que os pacientes não tinham recebido doses protetoras de gamaglobulina como as outras crianças. Além disso, o consentimento era obtido de forma fraudulenta, pois se vinculava a aceitação da criança no hospital à condição de se submeter à pesquisa. Quando houve a denúncia, fechou-se o hospital, mas ninguém foi perseguido judicialmente (Schramm, 1997, p. 230).

No mesmo sentido, pode ser citada, ainda, uma situação muito peculiar, que ocorreu por volta de 1961, na qual o médico Scribner inventou um aparelho capaz de realizar a função do rim. O procedimento realizado pelo aparelho depurava artificialmente o sangue de substâncias residuais, hoje conhecido como hemodiálise. Diante do sucesso do tratamento, a demanda logo superou as possibilidades de atendimento. Foi necessário, então, decidir quem receberia tratamento e quem morreria. Constituiu-se, assim, um comitê de pessoas leigas, em 1962, em Seattle, com o fim de criar um procedimento para tomada de decisões quanto à disponibilização do tratamento (Sá; Naves, 2009).

Os casos mencionados apresentam um ponto em comum muito claro, pois em todos é possível verificar que os participantes da pesquisa eram parte de grupos sociais vulneráveis, como negros, idosos e crianças excepcionais. Outro ponto comum é o fato de os participantes ou não saberem que estavam sendo submetidos à pesquisa, ou, se sabiam, davam seu consentimento de modo viciado, ou seja, coagidos em razão de outro ganho prometido.

Além disso, movimentos sociais de contestação dos valores e costumes predominantes da década de 1960 começaram a tomar corpo e influenciar a opinião pública e o cenário sociopolítico da época. Com isso, tem-se o movimento de libertação das mulheres, que já assumiam um papel diferente na sociedade, para além do âmbito familiar, convergindo com manifestações feministas que reivindicavam a legalização do aborto.

Do mesmo modo, junto a essas contestações, surgem os movimentos ecologistas, movimento de contestação juvenil de 1968, bem como os movimentos das minorias sexuais e raciais, como a luta pelo reconhecimento dos direitos dos negros nos Estados Unidos, que teve na figura de Martin Luther King uma grande expressão.

Somando-se a esse contexto de escândalos, no que diz respeito aos casos que foram revelados, e aos movimentos civis de reforma dos costumes e dos valores nos Estados Unidos, tem-se ainda as inovações tecnológicas que se desenvolveram em ritmo impressionante, notadamente, na segunda metade do século XX. Dentre elas, a clonagem de animais; a descoberta das células-tronco; o transplante de órgãos, e em especial o transplante de coração, que provocou a necessidade de alteração no conceito de morte, que antes utilizava o critério da parada cardiorrespiratória e agora se considera a morte encefálica; o desenvolvimento de aparelhos que permitem ao paciente o desempenho de funções vitais, o que propicia a manutenção do coma ou do estado vegetativo, provocando inúmeras discussões sobre a eutanásia, distanásia e ortotanásia[21]; o projeto genoma e as diversas descobertas advindas da engenharia genética; a reprodução

---

[21] A eutanásia: "é a morte de pessoa – que se encontra em grave sofrimento decorrente de doença, sem perspectiva de melhora – produzida por médico, com o consentimento daquela. A eutanásia, propriamente dita, é a promoção do óbito." (Sá; Naves, 2009, p. 301-302). Maria Helena Diniz define a ortotanásia como o auxílio feito pelo médico ao processo natural da morte, "convém esclarecer que a eutanásia passiva, ou ortotanásia é a eutanásia por omissão, consistente no ato de suspender medicamentos ou medidas que aliviem a dor, ou de deixar de usar os meios artificiais para prolongar a vida de um paciente em coma irreversível, por ser intolerável o prolongamento de uma vida vegetativa, sobre o prisma físico, emocional e econômico, acatando solicitação do próprio enfermo ou de seus familiares. O Conselho Federal de Medicina baixou resolução N. 1.805/2006, aprovando o procedimento da ortotanásia em paciente terminal ou incurável, poupando-o de tratamento inútil ou doloroso." (Diniz, 2014, p. 499-500). Já a distanásia: "dedica-se a prolongar, ao máximo, a quantidade de vida, combatendo a morte como grande e último inimigo." (Sá; Naves, 2009, p. 302-303).

humana assistida, na qual é possível a alteração de caracteres genéticos dos seres humanos no estado embrionário; e os organismos geneticamente modificados, conhecidos como transgênicos, que provocaram mudanças na agricultura e na alimentação.

Sendo assim, todas essas alterações, além do contexto social e dos escândalos já mencionados, propiciaram o surgimento da Bioética.

Finalmente, para complementar, também há um fato decisivo para o desenvolvimento da história da Bioética, o caso de Karen Ann Quinley, ocorrido nos Estados Unidos em 1975. Nesse fato, após a ingestão de álcool e barbitúricos, Karen de 22 anos é levada, em estado de coma, à emergência do *Newton Memmorial Hospital* de *New Jersey*, depois disso é transferida para o *Hospital St Claire*, também localizado em *New Jersey*. Assim, Karen foi ligada ao aparelho respirador que a mantinha viva, o prognóstico era de impossibilidade de uma vida consciente, bem como de irreversibilidade da situação.

Instruídos pelo Padre Trapasso, os pais adotivos de Karen solicitaram à direção do hospital o desligamento do respirador que a mantinha viva. O pedido foi negado pelo Dr. Morse, o médico responsável pela situação da paciente, pois entendia ser moral e legalmente impedido de realizar tal ato. Dessa forma, a família da jovem resolve iniciar um processo judicial para a resolução da causa, decidida em 1976 em favor dos pais de Karen. Essa decisão judicial foi importante, porque a partir dela se iniciou a discussão sobre a institucionalização dos comitês de ética nos hospitais.

O Tribunal do Estado de *New Jersey* designou um Comitê de Ética no Hospital de St. Claire para definir a situação de Karen e eles chegaram à conclusão de que a jovem não iria recuperar seu estado cognitivo, sendo assim, os aparelhos respiratórios foram desligados. Todavia, a paciente viveu por mais nove anos, porém sem reversão em seu quadro clínico (Fabriz, 2003, p. 83-84).

Esse caso é um exemplo de tantos outros que o sucederam, protagonizados por famílias e pacientes que vivenciaram situações nas quais a definição de vida é colocada em questão. O que passa a ser vida quando a pessoa está em estado vegetativo? O que passa a ser morte na prática da eutanásia, distanásia e ortotanásia? O que é morte para possibilitar a doação de órgãos? Quais critérios devem ser adotados? É possível determinar em que exato momento começa a vida humana? São esses questionamentos que desenham um novo quadro social, a partir das mudanças que os avanços biotecnológicos proporcionam, provocando, ainda, lutas judiciais diversas que exigem decisões e argumentos sobre o que vem a ser vida humana.

3.1.2 Conceito

O termo "Bioética" foi cunhado pelo médico e professor de oncologia Van Rensslaer Potter[22], que em 1971 escreve a obra *Bioethics: bridge to the future*[23], na qual conceituava a Bioética sob um caráter mais ecológico, considerando-a a ciência da sobrevivência.

> Para esse autor, a bioética seria então uma nova disciplina que recorreria às ciências biológicas para melhorar a qualidade de vida do ser humano, permitindo a participação do homem na evolução biológica e preservando a harmonia universal. Seria a ciência que garantiria a sobrevivência na Terra, que está em perigo, em virtude de um descontrolado crescimento da tecnologia industrial, do uso indiscriminado de agrotóxicos, de animais em pesquisas ou experiências biológicas e da sempre crescente poluição aquática, atmosférica e sonora. A bioética, portanto, em sua origem, teria um compromisso com o equilíbrio e a preservação da relação dos seres humanos com o ecossistema e a própria vida do planeta (Diniz, 2014, p. 33).

Na ciência da sobrevivência, Potter defende a ideia de que os conhecimentos biológicos, juntamente ao sistema de valores éticos, serviriam de base para a sobrevivência do ser humano na Terra, comprometida, inclusive, devido à explosão demográfica. Por isso, sua ética se fundamenta no atrelamento entre as ciências sociais e a ecologia, como fica claro no prefácio de seu texto:

> The purpose of this book is to contribute to the future of the human species by promoting the formation of a new discipline, the discipline of Bioethics. If there are "two cultures" that seem unable to speak to each other – science and the humanities – and if this is part of the reason that the future seems in doubt, then possibly, we might build

---

[22] Van Rensselaer Potter também era diretor assistente no *McArdle Laboratory for Cancer Research Medical School, University of Wisconsin.*

[23] Bioética: ponte para o futuro; tradução livre da autora.

a "bridge to the future" by building the discipline of Bioethics as a bridge between the two cultures (Potter, 1971)[24].

O conceito supra mencionado se diferencia daquele que André Hellegers pronuncia em 1971, ano em que fundou o *Joseph and Rose Kennedy institute for the Study of Human Reproduction and Bioethic*, no qual passou a considerar a Bioética como a ética das ciências da vida. Mais tarde, Beauchamp e Childress, em 1979, com *The principles of bioethics*, estabeleceram a ideia de que a Bioética é uma ética biomédica.

> A *Encyclopedia of bioethcs* definiu, em 1978, a bioética como o estudo sistemático da conduta humana no campo das ciências da vida e da saúde, enquanto examinada à luz dos valores e princípios morais. Na segunda edição, em 1995, deixando de fazer referência aos valores e princípios morais, passou a considerá-la como o estudo sistemático das dimensões morais das ciências da vida e do cuidado da saúde, utilizando uma variedade de metodologias éticas num contexto multidisciplinar. Com isso adaptou-se o pluralismo ético atual na área da bioética (Diniz, 2014, p. 34).

Assim, Hellegers compreende a Bioética no âmbito da medicina, principalmente, na relação que se estabelece entre médico e paciente. O que é interessante observar é que nesse período, da década de 1970, a medicina vai gradativamente sofrendo modificações em razão de técnicas mais avançadas e mecanismos mais desenvolvidos. Contudo, o problema do acesso se mantinha. O que se viu com Foucault, no desenvolvimento da medicina social, foi a necessidade de propiciar o alcance do atendimento ao tratamento médico por parte de toda a população, ao passo que na medida em que as técnicas terapêuticas se tornam mais avançadas, o custo é maior e a aquisição delas é menor.

Desse modo, podem ser apontadas duas dimensões da Bioética, que despontavam nos Estados Unidos: a dimensão ecológica e a dimensão biomédica. O estudo da Bioética foi tomando mais fôlego na mesma proporção em que as biotecnologias avançaram e deram causa a diversas situações polêmicas, sejam as tentativas de legalização do aborto, da eutanásia, bem como os transplantes de órgãos, os chamados bebês de

---

[24] O propósito deste livro é contribuir para o futuro da espécie humana ao promover a formação de uma nova disciplina, a disciplina de Bioética. Se há "duas culturas" que pareçam incapazes de se comunicar entre si – ciência e a humanidade – e se isso for parte da razão de que o futuro pareça duvidoso, então possivelmente talvez tenhamos que construir uma "ponte para o futuro" ao construir a disciplina de Bioética como uma ponte entre as duas culturas, tradução livre da autora.

proveta, e até mesmo o uso de dinheiro público para o tratamento experimental de um único indivíduo com câncer.

Maria Helena Diniz, ao conceituar a Bioética, entende que seria, em sentido amplo, uma tentativa de definir parâmetros éticos para as novas situações oriundas da ciência no âmbito da saúde, ocupando-se não só dos problemas éticos, provocados pelas inovações tecnológicas na área da biomedicina que se estendem nas seguintes temáticas: i) início e fim da vida humana; ii) pesquisas em seres humanos; iii) eutanásia e suas derivações; iv) engenharia genética; v) reprodução humana assistida; vi) eugenia; vii) clonagem humana; viii) doação temporária do útero (barriga de aluguel); ix) mudança de sexo; x) esterilização compulsória de deficientes físicos ou mentais; xi) transgênicos; como também os relativos ao meio ambiente, ao equilíbrio do ecossistema e ao uso de armas químicas. Dessa forma, o objetivo seria evitar riscos biológicos, relacionados à biologia molecular e à engenharia genética, bem como a possíveis práticas laboratoriais de manipulação genética e aos organismos geneticamente modificados (Diniz, 2014, p. 35).

Portanto, a Bioética seria uma resposta do ponto de vista ético às diversas inovações que surgiram e continuam a surgir com os avanços biotecnológicos. Além de uma resposta ética também para a criação de regras que propiciem a proteção de pessoas mais vulneráveis no que se refere a pesquisa com seres humanos e na relação médico paciente.

3.1.3 Modelos Bioéticos

A Bioética pode se vincular a diversos modelos filosóficos que atendem, por sua vez, a uma linha ética específica. Em seu estudo, Elizabeth Kipman Cerqueira (2011, p. 26) aponta os seguintes modelos bioéticos:

a. Modelo sociobiológico: no qual a ética é essencialmente descritiva, segundo a qual os valores e as normas acompanham a evolução histórica da sociedade, como na teoria evolucionista de Darwin. Desse modo, os valores seriam mutáveis de acordo com o desenvolvimento da sociedade, isso se daria por meio da seleção natural. Assim, o instinto de conservação, mediante o egoísmo biológico, usaria o impulso evolutivo para encontrar novas formas de comportamentos sociais, que derivariam do processo de descarte e substituição. Aqui o indivíduo passa a ter seu valor relacionado a cada momento histórico, relativizado em função do evolucionismo social, sempre sujeito a mutações e ressignificações.

b. Modelo subjetivista ou liberal radical: nesse modelo, a ética e a moral devem se basear apenas na escolha livre e autônoma do sujeito. Ele parte do princípio da autonomia em nível absoluto, bem como o da liberdade, torna-se válido tudo o que for livremente desejado, desde que a liberdade do outro não seja ferida. Com base na filosofia liberal de John Stuart Mill, o modelo de bioética subjetivista tem por fundamento a autonomia da pessoa sobre seu corpo e espírito, ainda que a opinião do próprio indivíduo seja variável no tempo. Nessa perspectiva o que vige na relação médico paciente é a ética contratualista, por isso os contratos realizados entre sujeitos envolvidos em quaisquer decisões devem ser sempre respeitados, ao Estado cabe garantir o respeito pelas decisões dos cidadãos. Aqui impera a lógica da neutralidade no julgamento moral, possibilitando que as decisões sejam prerrogativas exclusivas da esfera privada das pessoas e de seus agrupamentos segundo afinidades. Para essa parte da ética, Elizabeth Cerqueira (2011, p. 28) aponta correntes confluentes com essa temática do subjetivismo moral como o neoiluminismo, o liberalismo ético, o existencialismo niilista, o cientismo neopositivista, o emotivismo e o decisionismo.

c. Modelo pragmático-utilitarista, deliberativo ou da comunidade de argumentação: baseado no neoutilitarismo, este influencia a Bioética defendendo a maximização do prazer, a minimização da dor e ampliando a esfera de liberdade individual a um maior número possível de pessoas, relativizando os meios diante dos fins propostos. Nesse âmbito, defende-se a felicidade do maior número de pessoas, sendo elaborado o conceito de qualidade de vida que se contrapõe ao de sacralidade da vida. Assim, a intervenção médica em cada caso é avaliada na perspectiva do custo-benefício, privilegiando fatores econômicos.

d. Modelo hipercrítico: para Cerqueira (2011, p. 30), um dos maiores representantes desse modelo seria Michel Foucault, a quem ela reputa a criação do movimento desconstrucionista. A autora continua em sua análise, estabelecendo que esse modelo é marcado pela pós-modernidade, ou até o que chama de hipermodernidade, dominado por elementos que perfazem o controle social, como a informação, estetização, erotização e personalização, que apresentariam o consumo e a atuação no cotidiano como o único horizonte oferecido. Aqui surge o que Elizabeth Cerqueira (2011, p. 31) chama de neoindividualismo pós-moderno, caracterizado pela sociedade de consumo, centrada na expansão das necessidades, que acabam por alimentar a produção e o consumismo sob a lei do obsoleto, da sedução e da diversificação. Nesse campo, não cabe referência a um valor estável, sendo privilegiada a liberdade individual. "Os sujeitos se tornam mais modeláveis em suas aspirações, vivendo na ilusão de uma liberdade sem medidas, inconscientemente dóceis ao totalitarismo que se disfarça e convive com o pluralismo dos partidos e com as eleições livres" (Cerqueira, 2011, p. 31).

Contudo, Foucault foi o filósofo que na crítica racional da razão moderna tratou do aparecimento do louco na ordem do saber moderno, da arqueologia do olhar médico, da prisão como núcleo duro da sociedade disciplinar, do nascimento da *siencias sexualis*, do governo dos corpos, das populações. Ele abordou ainda problemas relacionados à razão política, ao governo, às políticas de liberdade, à economia do poder e às fronteiras entre o legal e o normativo. Seu projeto filosófico era constituído pela problemática do sujeito, sujeito transcendental, herdeiro do iluminismo e em particular do kantismo, como medida de si e de todas as coisas (Adorno, 2002 *apud* Fonseca, 2012, p. 16-18).

Foucault combate a soberania do homem, enquanto sujeito; o homem não é aquilo a partir do qual se organiza o sentido. Ele é produto de certa prática discursiva das ciências humanas. Não se trata mais de pensar o homem a partir do próprio homem, mas de examinar os modos de objetivação do sujeito, ou seja, analisar as operações discursivas pelas quais o indivíduo se constitui a si próprio como louco, delinquente, doente. Para Adorno, a principal consequência desse empreendimento filosófico de Foucault está na abertura do pensamento a um novo espaço: "o de poder pensar como, em uma cultura como a nossa, se instituem relações de alteridade e se realizam os intercâmbios entre diferença e identidade" (Adorno, 2002 *apud* Fonseca, 2012, p. 18).

Desse modo, os escritos de Foucault e a sua contribuição filosófica não podem ser reduzidos a uma crítica tão reducionista de Elizabeth Cerqueira e o seu modelo hipercrítico. Além disso, a mesma autora, elaborando uma crítica ao modelo hipercrítico, entende que o neoindividualismo pós-moderno propicie uma cultura na qual o indivíduo viva sem projetos, sem ideais, senão os de cultuar sua autoimagem e se satisfazer com aquilo que é efêmero.

Ainda na crítica ao modelo, ela interpreta que a sexualidade para essa concepção ética deve ser vivenciada atendendo a impulsos momentâneos, sem avaliações morais. Nesse ponto, fica evidente uma interpretação do trabalho de Foucault como se ele defendesse um modelo de libertinagem e perversão sexual, o que acaba por reforçar a teoria da degenerescência, mencionada por ele. Para a teoria da degenerescência, a figura do desviante sexual é um pervertido que degenera o grupo social por meio do seu comportamento sexual desregrado e que contamina as outras pessoas com suas doenças.

Assim, essa imagem é atribuída ao trabalho de Foucault, como se ele fosse o expoente de um movimento intelectual que propusesse uma vida sexual de liberdade ilimitada e, além disso, que todas as ações dos indivíduos não se vinculem a qualquer parâmetro comportamental e compromissos sociais.

O que é interessante no discurso da degenerescência é que ele pode estar presente tanto nos argumentos pró-vida, como no caso de Cerqueira ao analisar o modelo foucaultiano, quanto no pró-escolha, pois na defesa do aborto de fetos anencéfalos e microcefálicos, além de tantos outros fetos que também apresentem anomalias, fica subjacente a correspondência à teoria da degenerescência e às concepções eugênicas.

Porém, ao se estudar Foucault, o que se percebe é que ele não defende o culto à autoimagem e o apreço pelo consumismo e pelo que é efêmero. Pelo contrário, ele faz uma crítica muito apurada sobre o fato de a sociedade capitalista ser caracterizada por esses valores e quais os mecanismos de poder que potencializam a fundamentação e manutenção desses valores criticados por Cerqueira e outros teóricos pró-vida.

e. Modelo Personalista: tendo como fundador Elio Sgreccia, esse modelo surgiu na Itália no *Istituto di Bioetica* da *Università Cattolica del Sacro Cuore*, em Roma. O personalismo ontologicamente fundado tem por pedra angular a pessoa humana, que serve como valor de referência para todas as decisões bioéticas. Para Sgreccia (2002 *apud* Lucato; Ramos, 2010, p. 60), a pessoa humana é uma unitotalidade, formada pela união entre corpo e espírito, devendo ser considerada em seus diversos aspectos, seja físico, psíquico, espiritual, social e moral. Com isso, busca fundar a objetividade dos valores e das normas a partir do significado ontológico da pessoa humana, constituída na unidade corpo-espírito.

O modelo personalista não nega a importância da subjetividade relacional em que se ressalta o valor da relação intersubjetiva e nem mesmo a subjetividade da consciência, mas enfatiza a essência da unidade corpo-espírito. O personalismo pretende promover a verdade plena sobre o homem.

Segundo Sgreccia (2002 *apud* Lucato; Ramos, 2010, p. 60), a Bioética não pode se pautar sobre posicionamentos éticos já existentes na sociedade, mas deve propor valores de referência próprios e linhas de escolha operativas, para fornecer respostas objetivas para casos concretos. A Bioética personalista se utiliza de uma perspectiva que reconhece o ser e a dignidade da pessoa como valores absolutos, baseada, portanto, numa ideia que se afina com os Direitos Humanos.

f. Modelo Principialista: baseado no relatório Belmont de 1978 (*Belmont report*), que estabeleceu quatro princípios básicos para nortear as pesquisas com seres humanos e a relação médico-paciente. Assim, os princípios são: primeiro, o princípio da autonomia, o qual requer que o profissional da saúde respeite a vontade do paciente, ou do seu representante, levando em conta, em certa medida, seus valores e crenças religiosas; segundo, o princípio da beneficência (*bonum facere*), que requer o atendimento por parte do médico ou do geneticista aos mais importantes interesses das pessoas envolvidas nas práticas biomédicas, para atingir seu bem-estar, evitando, na medida do possível, quaisquer danos; terceiro, o princípio da não maleficência (*primum non nocere*), que é um desdobramento do da beneficência, por conter a obrigação de não acarretar dano intencional; e, finalmente, o princípio da justiça, o qual requer a imparcialidade na distribuição dos riscos e benefícios, no que atina à prática médica pelos profissionais da saúde, pois os iguais deverão ser tratados igualmente. Esse princípio, expressão da justiça distributiva, exige uma relação equânime nos benefícios, riscos e encargos, proporcionados pelos serviços de saúde ao paciente.

Em continuação ao modelo principialista, Darlei Dall'Agnol (2004, p. 15) propõe a inclusão de um quinto princípio ao Relatório Belmont, que seria o princípio de reverência à vida. Para esse autor, a Bioética está contida na ética prática, fazendo parte desta última, sendo relacionada ao estudo de problemas morais que envolvem dilemas que se relacionam com o início, meio e fim da vida.

3.1.4 Fundamentação Filosófica

A fim de realizar a análise sobre a Bioética, Dall'Agnol (2004, p. 16) assume uma definição da ética como reflexão filosófica sobre a moralidade. Já a moral é entendida como o conjunto de regras e costumes que guiam o ser humano na prática do bem.

Dall'Agnol (2004, p. 17) entende que há dois modos possíveis de distinguir a ética. De um lado se tem a metaética, a ética normativa e a ética prática ou aplicada; e de outro, as teorias normativas que podem ser formuladas, é comum verificar nesse segundo aspecto a aplicação de princípios para solucionar cada caso concreto. Além disso, no âmbito das teorias normativas, geralmente, aparece a divisão entre teorias éticas teleológicas (do grego, *telos* = fim) e deontológicas (do grego, *deon* = dever).

Analisando mais detidamente, Dall'Agnol (2004, p. 17) explica que a metaética se ocupa da forma e natureza da própria ética, trazendo perguntas que buscam solucionar conceitos morais básicos, como: o que é bom, mau, correto, incorreto etc.? Assim, para Dall'Agnol (2004, p. 18), a metaética: "é uma reflexão sobre a linguagem moral e está preocupada com problemas metodológicos, lógicos, epistêmicos e ontológicos que surgem a partir de uma reflexão filosófica sobre a moralidade".

Um dos problemas metabioéticos que podemos destacar, que vem desde a criação da Bioética, desde o próprio Potter (que cunhou o termo Bioética), é a relação entre fatos e valores, ser e dever-ser. Portanto, a questão central da Bioética é saber se é possível inferir um dever-ser do modo como as coisas são (Dall'Agnol, 2004, p. 19).

Sobre a ética normativa pode-se entender que ela procura, basicamente, estabelecer critérios, que podem ser princípios, virtudes, valores etc. para diferenciar o que é bom do que é mau, o correto do incorreto. Há várias maneiras de se constituir tais critérios: Kant e Stuart Mill propõem um princípio único para a criação de regras de caráter universal. Michel Foucault, por outro lado, coloca-se contrário às concepções universais. Filósofos como Ross entendem haver uma pluralidade de princípios, não sendo possível convergir em somente um. Para alguns eticistas, que se fundamentam em Aristóteles, a pessoa virtuosa é a medida daquilo que é correto. Já outros filósofos, como Rawls e Habermas, criam um processo de decisão das obrigações básicas. Porém, outra maneira de diferenciar o que é correto do que é incorreto seria o de estabelecer valores vistos como finalidades a serem alcançadas e, depois, defender ações que propiciem atingir esses valores ideais (Dall'Agnol, 2004, p. 19-20).

Dessa forma, as teorias éticas normativas são, comumente, divididas em éticas teleológicas e éticas deontológicas, sendo que algumas das teorias éticas teleológicas podem ser: egoísmo ético, hedonismo, epicurismo, estoicismo, utilitarismo, perfeccionismo etc. Já as teorias éticas deontológicas podem ser ética kantiana, contratualismo, intuicionismo, ética dos direitos humanos etc.

Para as teorias teleológicas o bem é um fim a ser alcançado e nossas ações e escolhas tendem a ele. Contudo, cada teoria define à sua maneira qual seria o bem último a ser percebido. Assim, na teoria do egoísmo ético é sustentado que esse fim é o próprio bem do agente; no utilitarismo, por sua vez, o bem é interpretado como a felicidade proporcionada ao maior número de pessoas. Em cada uma dessas teorias é possível encontrar subdivisões, como, por exemplo, na teoria do utilitarismo, tem-se o utilitarismo de regra e o de ato, o primeiro entendendo que as regras devem ser testadas segundo o fim que elas promovem; já o utilitarismo de ato sustenta que as ações que maximizam a felicidade são corretas, enquanto as que não a propiciam não são.

No âmbito da Bioética, alguns bioeticistas se destacam, como Peter Singer e Richard Hare, que tratam de assuntos importantes tidos como polêmicos, como o aborto e a eutanásia, por exemplo, por meio do utilitarismo.

Na teoria ética deontológica o correto ou o obrigatório são categorias mais importantes da ética. Assim, na teoria kantiana há o que Kant chama de Imperativo Categórico, em que são testadas máximas do agir humano, a partir de um princípio fundamental, que pressupõe a universalização de regras, a autonomia, respeito ao outro, dignidade humana etc. Da mesma forma que a ética teleológica, a ética deontológica também apresenta vários desdobramentos teóricos: "a ética discursiva de Habermas; a moral do respeito universal de Tugendhat e a teoria contratualista da justiça enquanto equidade de Rawls" (Dall'Agnol, 2004, p. 18).

Apesar da expressividade das duas teorias, teleológica e deontológica, há autores tentando superar a dicotomia que elas apresentam e, com isso, propor uma nova fundamentação de reflexão para a Bioética. O modelo bioético do principialismo seria uma resposta possível a essa dualidade, por isso a presença de princípios teleológicos, como a beneficência e deontológicos, como o princípio de justiça.

Ainda na análise da ética, há a ética prática, na qual se busca usar as implicações da ética normativa para equacionar os problemas morais cotidianos, daí porque também é conhecida como ética aplicada. Sendo assim, a ética prática concerne à maneira como o ser humano se comporta e às consequências de suas condutas. As subdivisões mais importantes da ética prática são as seguintes: ecoética; Bioética; ética econômica; éticas profissionais em geral, como ética médica, por exemplo.

Portanto, a Bioética está inserida em uma das ramificações da ética prática, juntamente às éticas profissionais, por isso, ela implica na aplicação das reflexões filosóficas às situações que advêm dos fenômenos biológicos ligados à vida e às inovações biotecnológicas proporcionadas nesse âmbito também da vida.

Entretanto, é importante destacar o fato de que as três dimensões da ética citadas, quais sejam, a metaética, a ética normativa e a ética prática, são interconectadas, não podendo ser totalmente separadas. O recorte feito serve apenas para permitir uma análise mais detalhada, mas todas as situações a serem interpretadas precisam envolver as três dimensões em conjunto.

Estabelecendo um panorama geral do que já vem sendo estudado em termos de Bioética desde 1970, quando da própria criação do termo, o citado Darlei Dall'Agnol (2004, p. 23-24) explica que alguns autores seguiram a linha do que Potter havia determinado a respeito da Bioética, porém aprofundaram a análise. Nesse sentido, Hans Jonas, por exemplo, elaborou o princípio da responsabilidade, cujo fundamento se baseia na sobrevivência humana diante de tantos problemas causados pelo desmatamento, poluição de rios, vazamentos de petroleiros, bombas atômicas, usinas nucleares, hidrelétricas e todos os danos ecológicos em geral.

Contudo, os problemas bioéticos foram observados sobre parâmetros filosóficos variados. No Brasil, prevalece o trabalho dos padres Pessini e

Barchifontaine. Além deles, destaca-se o trabalho de Sgreccia que também obedece a uma vertente da Igreja Católica Romana. A visão religiosa se contrapõe a enfoques biologistas e evolucionistas que abordam os problemas bioéticos sob um caráter materialista[25], o que acaba por criar uma espécie de dicotomia entre aqueles que se definem como pró-vida e os que se autodenominam pró-escolha. Como o próprio Dall'Agnol (2004, p. 24) acentua, poucos são os bioeticistas brasileiros que argumentam com fundamentos propriamente ético-filosóficos. Por isso, um dos objetivos deste trabalho é propor reflexões, tendo por referencial teórico a noção de Biopolítica em Michel Foucault, que procura superar essa dicotomia entre posições pró-vida e pró-escolha.

A superação supra proposta dá-se, justamente, quando se percebe, mediante a análise de Foucault, que se vive sob uma lógica Biopolítica, na qual prevalece o controle do corpo para a manutenção da produtividade que alimenta o capitalismo. Para essa ótica, a obtenção do lucro passa a ser a pedra de toque. Desse modo, se o aborto representar lucro, será defendido, caso não, será contraposto, e assim por diante, se a eutanásia for lucrativa, vai ser estimulada pelo Estado, caso não seja, será proibida, não há um compromisso ético com a proteção ou não da vida, há apenas uma necessidade de adequar-se ao capital.

Enquanto os bioeticistas que defendem a vida vinculam-se a uma ética religiosa, na qual a vida humana é entendida como um bem sagrado enviado por Deus, os bioeticistas pró-escolha sustentam que o mais importante é o desejo do indivíduo. Contudo, o que se verifica é que o Biopoder suprime tanto o desejo pessoal quanto a sacralidade da vida, pois no âmbito biopolítico o direito normaliza e na perspectiva disciplinar e reguladora não há espaço para essa discussão de ser contra ou a favor da vida, pois o controle se baseia no corpo.

3.1.5 Princípios

Em 1979, a *National Commission for the Protection of Human Subjects of Biomedical and Behavioral Research* (Comissão Nacional para a Proteção dos Seres Humanos em Pesquisa Biomédica e Comportamental), constituída pelo governo dos Estados Unidos, publica o *Belmont Report* (Relatório Belmont), tendo por objetivo elaborar princípios éticos básicos

---

[25] Dall'Agnol aponta ainda alguns bioeticistas que se destacam, como o contratualista Engelhardt, o utilitarista Peter Singer e Gracia, que se baseia num enfoque histórico (Dall'Agnol, 2004, p. 24).

norteadores da experimentação com seres humanos nas ciências do comportamento e na biomedicina. Maria Helena Diniz (2014, p. 38) refere que esses "princípios são racionalizações abstratas de valores que decorrem da interpretação da natureza humana e das necessidades individuais".

Em um primeiro momento, aparecem três princípios básicos supra referidos, que servem de parâmetro para o tratamento dos pacientes nas pesquisas e no próprio acompanhamento pelos profissionais da saúde, que são: o respeito pelas pessoas (consideração por suas escolhas e crenças que professem); a beneficência (na qual se deve buscar o bem-estar do indivíduo e evitar o seu dano); e a justiça (em que o tratamento dado a cada paciente deve ser equitativo).

Posteriormente, os bioeticistas Beauchamp, influenciado por éticas utilitaristas, e Childress, com viés deontológico, por meio de sua obra publicada em 1979, *Principles of Biomedical Ethics*, em uma análise mais detida sobre os princípios mencionados, resolveram acrescentar o princípio da não maleficência.

Sobre o modelo bioético principialista, cabe salientar que seus axiomas têm validade *prima facie*, ou seja, valem enquanto não houver considerações morais maiores, essa ideia teria derivado de Ross, que faz uma distinção entre deveres próprios e deveres *prima facie*. Assim, um dever próprio é um dever de justiça, enquanto um dever *prima facie* seria o de manter promessas, por exemplo, que poderá ser sobreposto por outro dever próprio, caso isso represente um bem maior (Dall'Agnol, 2004, p. 29).

Portanto, os princípios básicos do modelo bioético principialista são quatro: princípio da autonomia e princípio da beneficência, que apresentam caráter teleológico; e princípio da não maleficência e princípio da justiça, com características deontológicas.

O princípio da autonomia determina que o profissional da saúde deve respeitar a vontade do paciente, ou de seu representante, levando em conta, em certa medida, seus valores morais e crenças religiosas. A intenção do princípio da autonomia é dar ao paciente domínio sobre seu próprio corpo, mente e vida, respeitando sua intimidade, considerando, portanto, que o paciente tem capacidade de autogovernar-se.

Diferentemente da visão kantiana, Beauchamp e Childress utilizam o termo autonomia com base em três condições: a intencionalidade, o conhecimento e a não interferência.

Assim, o respeito à autonomia do paciente por parte do profissional da saúde exige que este último deva conseguir o consentimento livre e esclarecido do paciente antes de fazer um diagnóstico ou prescrever um tratamento, explicando o estado do enfermo e os possíveis efeitos da terapia a ser aplicada. A partir do Código de Nuremberg tornou-se uma exigência obter o consentimento das pessoas antes de qualquer tipo de experiência que venha a envolvê-las.

Desse modo, surge o conceito do consentimento informado, composto pelos seguintes elementos: a) precondições, que significa a capacidade de entendimento do experimento ou tratamento ao qual será submetido e a voluntariedade para tomar a decisão de participar; b) elementos informativos, que propiciem ao paciente o maior número de informações a respeito de sua condição, bem como do diagnóstico e prognóstico das suas enfermidades; c) elementos consensuais, feitos, preferencialmente, por escrito, no qual o paciente declara de modo explícito sua autorização em participar do experimento ou de ser submetido ao tratamento. Contudo, caso o paciente não tenha condições de decidir, terá que ser representado e seu representante, portanto, deverá apresentar os requisitos necessários descritos supra.

O princípio da autonomia não estava presente no juramento de Hipócrates, que possui um valor tradicional muito importante para a ética médica, como um código de conduta. Entretanto, esse código foi feito por médicos para médicos, não necessariamente considerando os direitos dos pacientes, assim o princípio da autonomia seria uma forma de poder resguardar o doente. Essa visão do médico como detentor do conhecimento e da verdade foi exatamente o que Foucault captou quando trata do processo de medicalização e psiquiatrização, que comporta a Biopolítica e o controle do corpo.

Somente no final do século XX é que se começou a defender os direitos dos pacientes. Até então, prevalecia a ideia do médico ou profissional da saúde como sabedores de tudo, cabendo ao paciente apenas obedecer e não emitir opinião sobre os procedimentos terapêuticos a serem adotados. O princípio da autonomia viria, então, no sentido de mudar esse quadro e dar voz ao paciente, para que ele possa participar do seu processo de cura de maneira ativa e escolhendo o que aceita ou não que se façam com ele.

Em seguida, vem o princípio da beneficência, o qual foi formulado a partir do utilitarismo e por isso considerado um princípio teleológico.

Etimologicamente, o termo beneficência significa fazer o bem aos outros. Algumas regras foram inferidas do princípio da beneficência: a) proteger e defender os direitos dos outros; b) prevenir danos; c) remover as condições que irão causar dano aos outros; d) ajudar pessoas deficientes; e d) resgatar pessoas em perigo.

Com isso, o princípio da beneficência requer que o médico, ou o geneticista ou qualquer outro profissional da saúde, atenda aos interesses da pessoa envolvida na prática médica ou biomédica, visando seu bem-estar, e, na medida do possível, evitando danos ao atendido. Assim, a ideia é não causar dano, maximizando os benefícios e minimizando os possíveis riscos.

Contudo, algumas questões críticas se fazem necessárias, pois o que significa fazer o bem ao outro? O que é o bem? Seria educar as pessoas para uma vida virtuosa? Seria respeitar suas preferências? Seria atender a seus desejos? Parece que essa definição do que seria o bem ou o bom é o ponto-chave da discussão ética e propicia muitos questionamentos sobre o modo do agir humano. Por outro lado, estabelecer essa definição de bem e educar as pessoas para alcançar esse bem pode ser bastante normalizador. Daí porque é tão difícil determinar regras que possam por si só solucionar as questões complexas do âmbito da Bioética.

De forma complementar ao princípio da beneficência, surge o princípio da não maleficência, nele está contida a obrigação de não causar dano intencional ao paciente ou participante da pesquisa, ele deriva da máxima da ética médica: *primum non nocere*, que significa em primeiro lugar, não causar dano. É visto como um desdobramento do princípio da beneficência, pois promover o bem das outras pessoas implica em não lhes causar danos intencionais.

Vale ressaltar que o princípio da não maleficência não estava mencionado no Relatório Belmont, ele foi, posteriormente, acrescentado por Beauchamp e Childress. Dele também se pode inferir algumas regras que norteiam a prática médica e de demais profissionais da saúde: a) não matar; b) não causar dor ou sofrimento aos outros; c) não incapacitar os outros; d) não ofender os outros; e e) não privar os outros dos bens necessários à vida.

A diferença entre o princípio da não maleficência e o princípio da beneficência é que este último consiste em agir no interesse de outros, ao passo que a não maleficência significa evitar o mal em relação ao outro.

O que se pode interpretar é que no princípio da não maleficência há um dever negativo, por exemplo, de não matar alguém, porque essa pessoa tem direito à vida, enquanto no da beneficência há um dever positivo de ajudar alguém, mas não, necessariamente, uma obrigação, como, por exemplo, na caridade ao próximo.

Finalmente, há o princípio da justiça, em que Beauchamp e Childress entendem que justo é o tratamento equitativo, dando a cada um o que lhe é de direito (Dall'Agnol, 2004, p. 48). Maria Helena Diniz (2014, p. 40) reforça esse pensamento ao tratar do princípio da justiça, para a autora, esse princípio requer a imparcialidade na distribuição dos riscos e benefícios, de modo que os iguais sejam tratados igualmente, portanto defende uma justiça distributiva, como aquela de Aristóteles.

O problema com relação a esse princípio é que várias são as teorias a respeito do que seria a justiça, que acabam mesmo por se conflitar. É uma temática propriamente ligada à filosofia política e à filosofia do direito. Apesar disso, Dall'Agnol consegue inferir algumas regras a partir do princípio da justiça formal, que são: a) respeite cada pessoa em sua individualidade; b) trate os direitos de todos igualmente; e c) considere os interesses e as necessidades específicos de cada indivíduo (Dall'Agnol, 2004, p. 50).

3.2 Biodireito

3.2.1 Contexto histórico

Comumente, nos cursos de Direito, quando se estuda o Biodireito é feito um apanhado geral sobre o surgimento dos Direitos Humanos como justificativa da proteção da vida humana. Para tanto, é abrangido desde o momento em que o conceito de pessoa é formado até os dias atuais com todos os tratados e declarações de proteção do ser humano e que o reconhecem como sujeito de direitos.

Desse modo, Fábio Konder Comparato (2007, p. 1) apresenta o que chama de afirmação histórica dos Direitos Humanos, para quem há três justificativas da proeminência do ser humano no mundo. A primeira delas seria a justificativa religiosa com a afirmação da fé monoteísta, pois havendo um único Deus, por consequência, seríamos todos irmãos, filhos desse Deus único, o que já faria despontar as primeiras noções de igualdade.

Posteriormente, viria a justificativa filosófica, em que o ser humano é singular, porque somente ele é capaz de tomar a si mesmo como objeto de reflexão. É aquele que apresenta o atributo da racionalidade, a capacidade de pensar, que a tradição ocidental sempre considerou como um aspecto exclusivamente humano, a partir do qual Descartes deu início à filosofia moderna (*Cogito ergo sum*).

Em seguida, haveria uma justificativa científica, porque o ser humano passa a ter a capacidade de agir sobre o mundo físico, sobre o conjunto das espécies vivas e sobre si próprio, enquanto elemento integrante da biosfera. Ele atua como um elemento com possibilidades de alterar o meio ambiente e, ao final, com a descoberta das leis da genética e da própria engenharia genética, adquire os instrumentos hábeis a interferir no processo da vida, manipulando a célula e alterando o código genético de todas as espécies vivas, inclusive a sua própria.

Em continuação, Comparato (2007, p. 12) entende que existem também três momentos históricos responsáveis pela formação da concepção de pessoa. O primeiro seria o período Axial, correspondente ao início do século VIII a.C., quando o saber mitológico da tradição, caracterizado pela tragédia grega, se contrapunha ao conhecimento lógico da razão, que surgia a partir do pensamento dos filósofos da época, ou seja, era o embate entre o mito e a filosofia, nesse momento é que despontaria a ideia de uma igualdade essencial entre todos os homens.

Aqui nasce um dos elementos fundamentais, que serve de base ao princípio de igualdade que é a lei escrita, tida como regra geral e uniforme, igualmente aplicável a todos os indivíduos que vivem numa sociedade organizada. O princípio de igualdade que dela deriva está no fato de que a lei seria a mesma para todos que estavam sob sua égide, sem exceções.

Além disso, a lei escrita funcionaria como antídoto contra o arbítrio governamental. Essa possibilidade é muito explorada nos cursos de Direito por meio da *Antígona* de Sófocles. Na peça, Creonte, governante da época, decreta que quem o enfrentasse tentando lhe tirar do poder seria punido com a morte e não teria direito de ter seu corpo enterrado como os costumes determinavam, e é justamente o que ocorre com o irmão de Antígona, ao tentar derrotar Creonte ele é morto e seu cadáver fica exposto. Antígona resolve obedecer ao que acreditava, por isso enterra seu irmão, sendo descoberta e levada pelos guardas. Em frente ao soberano, Creonte pergunta por que ela o desafiou, mesmo sabendo que havia uma proibição de enterrar seu irmão, visto que poderia pagar com sua própria vida. Antígona responde:

> Sim, porque não foi Júpiter que a promulgou; e a Justiça, a deusa que habita com as divindades subterrâneas jamais estabeleceu tal decreto entre os humanos; nem eu creio que teu édito tenha força bastante para conferir a um mortal o poder de infringir as leis divinas, que nunca foram escritas, mas são irrevogáveis; não existem a partir de ontem, ou de hoje; são eternas, sim! E ninguém sabe desde quando vigoram! – Tais decretos, eu, que não temo o poder de homem algum, posso violar sem que por isso me venham a punir os deuses! Que vou morrer, eu bem sei; é inevitável; e morreria mesmo sem a tua proclamação. E, se morrer antes do meu tempo, isso será, para mim, uma vantagem, devo dizê-lo! Quem vive, como eu, no meio de tão lutuosas desgraças, que perde com a morte? Assim, a sorte que me reservas é um mal que não se deve levar em conta; muito mais grave teria sido admitir que o filho de minha mãe jazesse sem sepultura; tudo mais me é indiferente! Se te parece que cometi um ato de demência, talvez mais louco seja quem me acusa de loucura! (Sófocles, 2005, p. 30-31).

Essa leitura[26] sobre Antígona tornou-se paradigmática no estudo do Direito para estabelecer a diferença entre leis escritas e leis não escritas. As leis não escritas, para os gregos, podiam num dado momento designar o costume juridicamente relevante, e em outro as leis universais, originalmente de cunho religioso, as quais, sendo regras muito gerais e absolutas, não se prestavam a ser promulgadas no território exclusivo de uma só nação. Mais tarde, as leis não escritas deram origem ao que os romanos chamavam de *ius gentium*, direito comum a todos os povos, base do Direito Internacional (Comparato, 2007, p. 13-14).

Por vezes, ocorre também de se fazer uso da peça de Sófocles para estabelecer uma comparação do Jusnaturalismo (Direito Natural), leis não escritas, com o Juspositivismo (Direito Positivo), leis escritas, embora alguns autores entendam ser isso anacrônico, porque acreditam que Sófocles não estava se referindo exatamente a essa questão.

Ora, se nesse período era possível apelar aos deuses para justificar o valor de um costume universal, com o tempo o fundamento religioso foi

---

[26] Há outras leituras sobre a Antígona de Sófocles, uma delas pode ser encontrada em *Antigone et la résistance civile* (Couloubaritsis; Ost, 2004).

descartado. Por isso foi preciso encontrar outra justificativa para a vigência dessas leis universais, posto que eram aplicáveis a todos os homens, em todas as partes do mundo. Sofistas e, mais tarde, estoicos entenderam que esse outro fundamento universal de vigência do direito era a natureza (*physis*). Eles se perguntaram qual seria o elemento comum a todos os seres humanos e perceberam que o ponto que nos iguala é a natureza humana. Será, principalmente, no estoicismo que aparecem as ideias centrais da unidade moral do ser humano e a dignidade do homem.

O problema é que o fundamento religioso, assim como o fundamento jusnaturalista, não se sustenta, pois equalizar as leis divinas não parece assim tão simples e a própria ideia de algo universal já é em si um construído.

Ainda sobre a formação do conceito de pessoa, para alguns autores gregos, a igualdade essencial do homem foi expressa mediante a oposição entre a individualidade própria de cada homem e as funções ou atividades por ele exercidas na vida social. Essa função social chamada de *prósopon*, para os gregos, era conhecida como *persona* pelos romanos. A persona, em sentido figurado, tinha o sentido de rosto, máscara de teatro, que individualizava cada personagem.

Dando continuidade, a segunda fase na história da elaboração do conceito de pessoa aparece no século VI d.C., quando Boécio elabora um novo conceito: pessoa era a substância individual da natureza racional. Essa ideia influenciou o pensamento medieval. Para essa concepção, a pessoa já não é uma exterioridade, como a máscara de teatro, mas a própria substância do homem.

Sobre o entendimento medieval de pessoa se iniciou a formação do que mais tarde se entenderia pelo princípio da igualdade essencial de todo ser humano, a despeito de todas as diferenças individuais ou grupais, de ordem biológica ou cultural. É essa igualdade de essência da pessoa que forma o núcleo do conceito universal de direitos humanos. Para esse modo de pensar, os direitos humanos seriam direitos que resultariam da própria natureza, não sendo meras criações políticas (Comparato, 2007, p. 20).

Dessa forma, a partir dos escolásticos e canonistas medievais forma-se um juízo de constitucionalidade *avant la lettre*, ou seja, para além da lei, pois concluem que todas as leis contrárias ao Direito Natural não teriam vigência ou força jurídica.

Finalmente, a terceira fase na elaboração teórica do conceito de pessoa, enquanto sujeito de direitos universais, anteriores e superiores à ordenação estatal, sobreveio com a filosofia de Immanuel Kant (1724-1804) (Comparato, 2007, p. 21). A ética kantiana constrói-se a partir de três elementos: a razão, a vontade e a liberdade. A moral em Kant é vista como a transformação de um ser humano que antes é simplesmente biológico e sensível, ou seja, limitado a uma concepção moral subjetiva e particular para um ser humano racional e inteligente que submete sua vontade a uma lei moral universal.

Nesse sentido, Kant profere os Imperativos Categóricos: i) Age de tal modo que a máxima de tua vontade seja sempre válida, ao mesmo tempo, como princípio de uma legislação universal; ii) Age de tal modo que consideres a humanidade, tanto em tua pessoa como na pessoa de todos os outros, sempre como fim e nunca como simples meio; e iii) Age de tal modo que a vontade, com sua máxima, possa ser considerada como legisladora universal a respeito de si mesma.

Assim, essas três fases que concorreram para a elaboração do conceito de pessoa forjaram a concepção de dignidade da pessoa humana, esse seria o corolário na compreensão e defesa dos Direitos Humanos, pelo menos para uma visão jusnaturalista. Além disso, são entendidos como algo que se constrói com base no paradigma da universalidade de direitos e na igualdade entre os homens.

No estudo dos Direitos Humanos, também é possível perceber um caminho traçado por cartas e códigos que teriam estabelecido regras de conduta capazes de diminuir o arbítrio do rei sobre os súditos. Daí surgem alguns momentos históricos que marcam essas transformações.

José Afonso da Silva (2000, p. 154) explicita que a sociedade gentílica se caracterizava pela divisão comum de bens, ou seja, estes pertenciam de igual modo a todos. Assim, não havia subordinação política, uma vez que não existia um poder dominante, a opressão exercida pela natureza é que representava a opressão ao homem primitivo.

A partir do surgimento do modelo de apropriação privada da terra, instala-se, como consequência, o sistema social de dependência no qual o detentor da terra passa a subjugar aqueles que dela necessitem. Sendo assim, "o Estado, então, se forma como aparato necessário para sustentar esse sistema de dominação" (Silva, 2000, p. 154).

Nesse momento, os obstáculos causados por intempéries naturais dão lugar àqueles impostos pelo poder político e social que homens exerciam uns sobre os outros. Desde então, a história da humanidade está firmada sobre lutas para garantir direitos básicos frente a regimes políticos imperiosos e, muitas vezes, discricionários.

Um momento interessante ocorrido na história foi a situação que envolvia os plebeus e patrícios. A família romana antiga era formada pelo pai de família, sua mulher, esposada em justas bodas, dois ou três filhos e filhas, bem como escravizados domésticos e ex-escravizados libertos, que compunham o pessoal de uma casa, juntamente a dezenas de homens livres, chamados de fiéis ou de "clientes". Todas as manhãs a clientela visita o patrono ou protetor em sua homenagem. A Roma arcaica não era um grupo de clãs sob autoridade de seus respectivos ancestrais, mas uma cidade etrusca, uma das maiores, e não está relacionada a um estágio arcaico do desenvolvimento da humanidade. Assim esse conglomerado de poderes heterogêneos das famílias não saiu de uma unidade primeira.

Contudo, no ano de 493 a.C., a plebe revoltosa abandonou Roma, estabelecendo-se no Monte Sagrado, com o intuito de se omitir para assim abater a nobreza. Havia um Cônsul chamado Menênio Agripa que persuadiu a plebe a retornar. Em troca, o Senado confere aos plebeus o cargo de tribuno ou juiz especial: o tribuno da plebe, que detinha inviolabilidade em sua pessoa e domicílio.

Todavia, os plebeus não faziam parte das famílias patriarcais e sua presença tornou as relações da urbe mais complexas, embora o poder permanecesse nas mãos dos patrícios. A fim de sanar os conflitos, o direito civil romano estabeleceu normas que deveriam ser seguidas por todos. Desse modo, como os plebeus eram alheios às crenças dos patrícios, as leis estavam independentes da religião doméstica que regulava o pátrio poder.

A partir das exigências de maior participação política e a cobrança pela igualdade civil por parte da população plebeia instaura-se a Lei das Doze Tábuas, difundindo o conhecimento do direito a todos, ou seja, tornando-o público. As leis privadas, advindas dos cultos religiosos das famílias dos patrícios, não eram mais aceitas. Entendia-se, portanto, que o Estado seria o concessor dos direitos individuais.

Outro momento histórico que também pode ser visto como um marco na luta pelo reconhecimento de direitos foi a Magna Carta. Ocorre que na era medieval, a Inglaterra do século XII estava marcada pelo comando dos reis sobre os barões, entretanto com o início do reinado de João Sem-Terra esse poder foi se enfraquecendo. Isso ocorreu em função da vitória do rei francês, Filipe Augusto, sobre o ducado da Normandia. A partir de então o rei da Inglaterra aumenta sobremaneira a carga tributária cobrada da nobreza, a fim de financiar suas investidas na guerra. Em resposta à atitude real, os nobres começaram a exigir o reconhecimento formal de seus direitos. Ainda para agravar a situação, o rei João Sem-Terra entra em conflito com o papado, porém é obrigado a submeter-se aos ditames do clero em virtude da falta de recursos financeiros, portanto declara a Inglaterra feudo de Roma em 1213, tendo revertido o seu processo de excomunhão. Apesar disso, a paz não foi retomada e em 1215, após enfrentar batalhas armadas com a classe de barões, o rei João Sem-Terra é forçado a assinar a Magna Carta.

Fábio Konder Comparato (2007, p. 80) interpreta que pela primeira vez na história da política medieval o rei encontra-se vinculado pelas próprias leis que edita e assim versa sobre o assunto:

> O sentido inovador do documento consistiu, justamente, no fato de a declaração régia reconhecer que os direitos próprios dos dois estamentos livres – a nobreza e o clero – existiam independentemente do consentimento do monarca, e não podiam, por conseguinte, ser modificados por ele. Aí está a pedra angular para a construção da democracia moderna: o poder dos governantes passa a ser limitado, não apenas por normas superiores, fundadas no costume ou na religião, mas também por direitos subjetivos dos governados.

A Magna Carta ou Carta Magna das Liberdades ou Concórdia entre o rei João e os Barões para outorga das liberdades da igreja e do reino inglês[27] era uma declaração solene que o rei João da Inglaterra, também conhecido como João Sem-Terra, assinou, em 15 de junho de 1215, perante o alto clero e os barões do reino. Foi confirmada, com ligeiras alterações, por sete sucessores de João Sem-Terra.

Nela se encontra o embrião do que ficou hoje conhecido como o princípio do devido processo legal (*due process of Law*), utilizado pela primeira vez em lei inglesa de 1354, no reinado de Eduardo III, nomeada *Statute of Westminster of the Liberties of London*. Algumas constituições de

---

[27] Em latim: *Magna Carta Libertatum seu Concordiam inter regem Johannem et Barones pro concessione libertatum ecclesiae et regni Angliae* (Comparato, 2007, p. 71).

estados norte-americanos traziam em seus respectivos textos a garantia do *due process of Law*, como as de Maryland, Pensilvânia e Massachusetts.

A Declaração dos Direitos de Maryland, de 3 de novembro de 1776, foi especial porque fez referência expressa ao sentido amplo do princípio do devido processo legal, em que se lê no seu inciso XXI:

> That no freeman ought to be taken, or imprisoned, or disseized of his freehold, liberties, or privileges, or outlawed, or exiled, or in any manner destroyed, or deprived of his life, liberty, or property, but by the judgment of his peers, or by the law of the land (Nery Junior, 2004, p. 62)[28].

O sentido amplo do *due process of law* é entendido pelo trinômio vida-liberdade-propriedade, que inclusive faz parte da Constituição Federal dos Estados Unidos de 1787. A Declaração dos Direitos da Carolina do Norte, em 14 de dezembro de 1776, portanto, um pouco depois da de Maryland, também defende vida-liberdade-propriedade como valores fundamentais.

Ingo Wolfgang Sarlet (2010, p. 39) destaca o pensamento de Lord Edward Coke (1552-1634), que vê como de crucial importância na discussão em torno da *Petition of Rights* de 1628, o qual, em seu trabalho e em suas manifestações públicas como juiz e parlamentar, defendeu a existência de *fundamental rights* dos cidadãos ingleses, principalmente no que se refere à proteção da liberdade pessoal contra a prisão discricionária e o reconhecimento do direito de propriedade, tendo sido o responsável pela clássica tríade vida, liberdade e propriedade, que se fundiu ao patrimônio do pensamento individualista burguês.

Fábio Konder Comparato (2007, p. 49-50), mais uma vez, reputa que a principal instituição para a restrição do poder monárquico e a garantia das liberdades na sociedade civil foi o Parlamento. A partir do *Bill of Rights* britânico, a ideia de um governo representativo, ainda que não de todo o povo, mas pelo menos de suas camadas superiores, começa a firmar-se como uma garantia institucional das liberdades civis.

A partir desse ponto existe uma clássica divisão dos direitos humanos em gerações ou dimensões. Assim, a primeira geração ou dimensão

---

[28] "Que nenhum homem deverá ser levado, ou aprisionado ou terá seus direitos à propriedade, liberdade ou privilégios confiscados, declarados ilegais ou exilados, ou de alguma maneira destruídos, privado de sua vida, liberdade ou propriedade, a não ser que seja assim julgado pelos seus semelhantes ou pela lei terrena"; tradução livre da autora.

abrange os direitos referidos nas Revoluções americana e francesa. São os primeiros a serem positivados, daí serem ditos de primeira geração. São o produto peculiar do pensamento liberal-burguês do século XVIII, de marcado cunho individualista, surgindo e afirmando-se como direitos do indivíduo frente ao Estado, frutos justamente das declarações supra referidas e do *Bill of Rights* (1689). Assim são os direitos civis e políticos: direito à vida; direito à liberdade (liberdade de expressão, de imprensa, manifestação, reunião, associação) e direitos de participação política (direito de voto e capacidade eleitoral passiva); direito à propriedade; direito à igualdade perante a lei (formal) e algumas garantias processuais (devido processo legal, *habeas corpus*, direito de petição).

Em 1917 com a Constituição mexicana e de Weimar em 1919, passam-se a ser reconhecidos os direitos econômicos e sociais, que tinham como titulares não somente o indivíduo, mas aqueles grupos sociais marginalizados, flagelados pela miséria e pela fome, em decorrência do sistema capitalista de produção. Sendo assim, o descaso para com os problemas sociais, associado às pressões decorrentes da industrialização em marcha, o impacto do crescimento demográfico e o agravamento das disparidades no interior da sociedade, tudo isso gerou novas reivindicações, impondo ao Estado um papel ativo na realização da justiça social. Daí o progressivo estabelecimento pelos Estados de seguros sociais variados, importando intervenção intensa na vida econômica.

Esse período caracteriza o aparecimento da segunda dimensão de direitos humanos formada pelos direitos econômicos, sociais e culturais. Por isso, surgem o direito à assistência social; o direito à saúde; o direito à educação; o direito ao trabalho (liberdades sociais – sindicalização e o direito de greve); e o direito ao lazer.

Após as grandes guerras mundiais, houve a abertura para um novo tipo de direito, que era o direito humanitário, baseado na solidariedade e na fraternidade, tinha como destinatário o gênero humano. Portanto, desprendendo-se, em princípio, da figura do homem-indivíduo como seu titular, destinando-se à proteção de grupos humanos (família, povo, nação) e caracterizando-se por direitos de titularidade coletiva ou difusa. Destacam-se a Declaração Universal dos Direitos Humanos (1948) e a Convenção Internacional sobre Prevenção e Repressão do Crime de Genocídio (1948) como marcos inaugurais dessa terceira fase na dimensão dos direitos humanos, surgindo, assim, o direito à paz; direito ao desenvolvimento; direito à qualidade do meio ambiente; o direito à conservação do patrimônio histórico e cultural e o direito de comunicação.

Atualmente, menciona-se uma quarta dimensão dos direitos fundamentais, voltados inclusive ao avanço biotecnológico. Com isso, tem-se: o Código de Nuremberg (1947), o Código Internacional de Ética (1949), a Convenção Americana de Direitos Humanos (1966), a Declaração de Helsinque 1 e 2 (1964, 1975, 1983, 1989), a Declaração do Meio Ambiente de Estocolmo (1972), a Declaração de Tóquio (1975), a Declaração de Manila (1980), o Protocolo do Centro Internacional de Engenharia Genética e Biologia (1986), as Diretrizes Éticas Internacionais para a Pesquisa envolvendo Seres Humanos (Cioms e OMS em 1993), a Declaração Universal do Genoma Humano e Direitos Humanos (1997).

Além dessas declarações que buscam sopesar os avanços tecnológicos e o respeito ao ser humano, Paulo Bonavides (2006, p. 571) acrescentaria direitos fundamentais resultantes do processo de globalização, no sentido de uma universalização no plano institucional, que corresponderia à derradeira fase de institucionalização do Estado Social. Com isso, haveria o direito à democracia (participativa); direito à informação; direito ao pluralismo; e em que se poderia encaixar o Biodireito.

3.2.2 Biodireito Constitucional

Após a Segunda Guerra Mundial, foram colocadas em evidência para o mundo as atrocidades cometidas nos campos de concentração da Alemanha nazista. Médicos alemães comandados por Josef Mengele, principalmente em Auschwitz, sacrificaram inúmeras vidas deliberadamente realizando pesquisas com propósitos científicos nos prisioneiros. Em razão disso, passaram a inocular sífilis, gonococos por via venosa, tifo, células cancerosas e vírus de todo tipo nos prisioneiros, efetuando-se esterilizações e experiências genéticas com o objetivo de obter uma raça superior; provocando-se queimaduras de 1.º e 2.º graus com compostos de fósforo; ministrando-se doses de substâncias tóxicas para averiguar experimentalmente os seus efeitos; deixando-se de tratar pacientes sifilíticos ou mulheres com lesões pré-cancerosas do colo do útero para analisar a evolução das moléstias.

A Alemanha não foi o único palco de realização de experimentos desumanos e atrozes. No Japão, prisioneiros chineses foram infectados com bactérias de peste bubônica, antraz, febre tifoide e cólera; nos Estados Unidos, durante a Guerra do Golfo Pérsico, soldados receberam vacinas experimentais para tratamento de doenças causadas pelo uso de armas químicas, e, ainda, foram levados para locais de testes de bombas atômicas; na Austrália, entre os anos de 1947 e 1970, crianças de famílias de baixa renda foram submetidas a testes de vacinas de coqueluche, de gripe e de herpes; no Iraque, prisioneiros curdos eram amarrados a estacas e alvejados com bombas recheadas de substâncias químicas, além de despejarem armas químicas sobre aldeias do Curdistão, dizimando a população; na África do Sul, houve o desenvolvimento de microrganismos manipulados em laboratório com o fim de esterilizar a população negra e, no Brasil, ocorreram aplicações em mulheres de anticoncepcionais Norplant R e Norplant II, mediante injeções subcutâneas, causando-lhes sofrimento.

Com o fim da Segunda Guerra e após intensos debates sobre como responsabilizar os alemães pelos abusos cometidos nesse período, os aliados chegaram a um consenso, com o Acordo de Londres de 1945, pelo qual ficava convocado um Tribunal Militar Internacional para julgar os criminosos de guerra.

Para Flávia Piovesan (2008, p. 110-111), a barbárie e a destruição na guerra tornaram os seres humanos supérfluos e descartáveis, vigendo uma lógica na qual foi abolido o valor da pessoa humana. O totalitarismo significou a ruptura do valor da pessoa humana como valor fonte do direito. Nesse cenário, o maior direito passa a ser o direito a ter direitos, ou seja, o direito a ser sujeito de direitos.

Henrique e Willis (2013, p. 235) ao analisarem o texto de Giorgio Agamben, *O que resta de Auschwitz,* relatam que a polêmica tese sustentada pelo filósofo italiano seria a de que a justificativa para o ocorrido nos campos de concentração nazistas estaria em procurar uma comprovação da inumanidade daqueles que foram para lá, pelo modo que eram destratados os que não foram logo exterminados, como se prestassem a atender uma finalidade econômica, ao serem sujeitados a trabalhar para o esforço de guerra ou para empresas.

> E, de fato, o tratamento desumano atingiria seu objetivo quando suas vítimas, não mais podendo suportá-lo, psiquicamente, ingressavam em um estado catatônico, sem buscar contato com os demais detentos, falando apenas, quando o faziam, sobre como satisfazer a necessidade de

> comida, ficando, enfim, indiferentes a tudo e a todos, ao mesmo tempo em que definhavam organicamente até a morte. O desejo constitutivo do viver humano, afinal, havia sido extinto. Essa era condição do chamado *Musellmann*, o "muçulmano", palavra oriunda talvez dos movimentos repetitivos que faziam, tal como os muçulmanos em suas preces (Guerra Filho; Carnio, 2013, p. 235).

Os autores supra trazem ainda uma reflexão de que a realidade do campo teria, inclusive, triunfado sobre a própria noção de morte, uma vez que seu extremo se apresentava na figura do *Musellmann*, ou seja, o prisioneiro desesperançado e abandonado pelos companheiros sem discernimento entre o bem e o mal, espiritualidade e não espiritualidade, apenas um cadáver ambulante. Essa situação extrema traz o desafio de se continuar ou não um ser humano, que em termos morais significaria conservar ou não a própria dignidade.

> Os presos que chegavam a acreditar nas frequentes afirmações dos guardas – de que não havia esperança para eles, de que eles nunca sairiam do campo vivos – e que passavam a sentir que jamais poderiam exercer qualquer influência sobre o seu ambiente eram, literalmente cadáveres ambulantes. Eram pessoas tão carentes de afeto, autoestima e qualquer forma de estímulo, tão completamente exaustas física e emocionalmente, que haviam dado ao meio um poder total sobre si. Faziam-no quando desistiam de continuar tentando exercer qualquer influência sobre sua vida ou ambiente. Em outras palavras, um prisioneiro que lutasse de alguma forma pela sobrevivência, por alguma autoafirmação, dentro e contra o ambiente dominante, não podia tornar-se um maometano. Uma vez que sua própria vida e o meio eram vistos como totalmente além de sua capacidade de influenciá-los, a única conclusão lógica era não prestar atenção alguma a eles. Ela começava quando paravam de agir por conta própria. E esse era o momento em os outros presos reconheciam o que estava acontecendo e afastavam-se desses homens, agora marcados, porque continuar ligados a eles só poderia levar à autodestruição (Bettelheim, 1985 *apud* Guerra Filho; Carnio, 2013, p. 239-240).

Com o objetivo de recuperar o sentido de dignidade humana pós-holocausto, surgem reflexões no campo jurídico, notadamente no Direito Constitucional, que influenciam todos os ramos do direito. Com o Biodireito não foi diferente, dando ensejo ao que ficou conhecido por Biodireito Constitucional. Este surgiu com o principal escopo de proteger a vida humana e como a nova fronteira dos direitos humanos:

> O biodireito e toda a reflexão jurídica sobre os direitos humanos pós-holocausto não se limitarão à observância de critérios meramente formais de validade. Entendendo que o direito na modernidade, para além de sua função instrumental, possui um norte axiológico – a dignidade da pessoa humana –, o constitucionalismo dos direitos humanos, como se passará a identificar a atualização dos compromissos da modernidade, também imporá à constatação da validade de uma lei à observância de critérios materiais, a exemplo de prerrogativas humanitárias alçadas à categoria de direitos fundamentais (Silva, 2003, p. 30).

Inspirado pela nova concepção de positivismo, ou seja, pelo constitucionalismo dos direitos humanos, pode-se dizer que o Biodireito é a compreensão do fenômeno jurídico enquanto conhecimento prático visceralmente empenhado na promoção da vida humana. Além das prerrogativas humanitárias, de uma ou outra forma, já asseguradas pela modernidade nas dimensões de liberdade, igualdade e fraternidade, o empenho na promoção da vida humana também impõe ao Biodireito a incorporação em seu raio de reivindicação de prerrogativas negadas pela persistência da pré-modernidade e de prerrogativas atropeladas pelo advento da pós-modernidade (SILVA, 2003, p. 31).

3.2.3 Conceito

Nos dias atuais, diante dos diversos avanços, trazidos pela Biotecnologia, que permeiam a medicina, muitos questionamentos começaram a afetar a ética e o direito, pois há alguns anos não se poderia falar em: legalização da eutanásia ou acreditar que um doente terminal pudesse ser mantido em estado vegetativo irreversível; ou que um deficiente mental ou criminoso, voltado à prática de delitos sexuais, pudesse ser compulsoriamente esterilizado; ou que fossem possíveis a inseminação artificial *post mortem* e a fertilização *in vitro*, concebendo-se um ser humano fora do útero para ulterior implantação; ou que houvesse conflito de paternidade ou maternidade sobre uma mesma criança, em razão de reprodução humana assistida; ou que alguém gerasse uma criança para o fim exclusivo de doar tecido medular para outro filho seu; ou que se elaborassem, por meio de pesquisa genética, bebês com caracteres físicos predeterminados; ou que fosse possível a formação de banco de óvulos, espermatozoides, embriões, células, tecidos e órgãos para transplante.

Outros motivos que também compõem o quadro da renovação da ciência médica e biológica são: a socialização do atendimento médico; a universalização da saúde; a progressiva medicalização da vida; a emancipação do paciente; a criação e o funcionamento dos comitês de ética hospitalar e dos comitês de ética para pesquisas em seres humanos.

Assistiu-se a olhos vistos o desenvolvimento tecnológico e científico que permeou a segunda metade do século XX e pôde desenhar um novo cenário, seja no campo da biologia, seja no campo da medicina, seja com relação às pesquisas com seres humanos, que possibilitou aos cientistas uma nova era na Biomedicina, principalmente, com o despontar da engenharia genética.

Inovações científicas como a clonagem de animais; o mapeamento do genoma humano; a manipulação do embrião; o bebê de proveta; os alimentos transgênicos; a elaboração de novos remédios; até mesmo para a Aids; além dos tratamentos para o câncer, criaram o que alguns cientistas chamam de a terceira grande revolução da sociedade, sendo antecipada pela revolução da agricultura, e a revolução industrial.

No campo jurídico, o Biodireito surge para dar uma resposta do direito às atrocidades cometidas em nome do avanço científico, notadamente, no que se refere à Segunda Grande Guerra, como visto anteriormente. Influenciado pela Bioética, está diretamente ligado à relação médico-paciente, à pesquisa com seres humanos, ao abortamento, ao uso de células tronco, à clonagem, aos transgênicos e à eutanásia. Esses são alguns dos assuntos tratados pelo saber do Biodireito, daí porque correlacioná-lo ao estudo da noção de Biopolítica problematizada em Michel Foucault.

Com o surgimento do Biodireito foram criados vários princípios e regras, derivados de tratados internacionais, códigos de postura, protocolos e resoluções, a maioria baseada nas noções relativas aos direitos humanos. Maria Helena Diniz conceitua o Biodireito como o:

> Estudo jurídico que, tomando por fontes imediatas a bioética e a biogenética, teria a vida por objeto principal, salientando que a verdade científica não poderá acobertar crimes contra a dignidade humana, nem traçar, sem limites jurídicos, os destinos da humanidade (Diniz, 2010, p. 7-8).

Para Maria Garcia, o Biodireito pode ser entendido como o: "conjunto de normas jurídicas que têm como princípios informadores a dignidade da pessoa humana e a proteção da vida, além do equilíbrio ecológico" (Garcia, 2007 *apud* Pedra, 2007, p. 8). Renata da Rocha (2008, p. 131-132) entende que ao Biodireito:

> Cumpre a missão de guardar a vida humana, no sentido de proteger, de tutelar, de assegurá-la, tanto com relação ao ser humano individualmente considerado quanto com relação ao gênero humano, tanto com relação às presentes quanto às futuras gerações, em qualquer etapa de seu desenvolvimento, da concepção à morte, onde quer que se encontre, garantindo não só a vida, mas, sobretudo, vida digna, vida com dignidade.

Finalmente, para José Alfredo de Oliveira Baracho (2006 *apud* Namba, 2009, p. 14):

> O Biodireito é estritamente conexo à Bioética, ocupando-se da formulação das regras jurídicas em relação à problemática emergente do progresso técnico-científico da Biomedicina. O Biodireito questiona sobre os limites jurídicos da licissitude da intervenção técnico-científica possível.

Sendo assim, o Biodireito nasce com essa promessa de proteção àqueles que possam figurar como vulneráveis nas relações que envolvem o desenvolvimento tecnológico e científico, seja na relação médico-paciente, seja nas pesquisas com seres humanos.

3.2.4 Princípios

Assim como na Bioética, também no Biodireito há um conjunto de princípios que informam esse campo do saber jurídico, que são os princípios da precaução, da autonomia privada, da responsabilidade e da dignidade da pessoa humana.

O princípio da precaução visa limitar a ação do profissional que deve adotar medidas de precaução em caso de risco de dano grave e irreversível. Apesar de incorporado ao direito ambiental brasileiro em 1992 por ocasião da ECO-92, esse princípio se aplica a problemas que estão além do clima e do meio ambiente, buscando evitar comportamentos, na pesquisa ou na relação médico-paciente, que possam gerar uma mera probabilidade de dano. Diferentemente da prevenção, que significa a tomada de medidas para evitar um dano conhecido e esperado, a precaução não atua na certeza de que ocorrerá um dano, mas fazendo uso do estado atual do conhecimento científico busca evitá-lo mesmo quando há somente uma probabilidade de risco, tomando medidas preventivas.

O próximo princípio é o da autonomia privada, no qual há a concessão por parte do ordenamento jurídico, de poderes de atuação à pessoa, conferindo-lhe maior amplitude de comportamento. De modo que o próprio ordenamento estabelecerá qual o conteúdo dos poderes que será conferido aos particulares.

Além desses, há também o princípio da responsabilidade que revela o dever jurídico em que se coloca a pessoa, a fim de satisfazer as obrigações convencionadas ou suportar as sanções legais impostas por seu descumprimento. O filósofo Hans Jonas, que desenvolve um ensaio de uma ética para a civilização tecnológica, em *O princípio da responsabilidade*, estabelece o seguinte imperativo: age de tal maneira que os efeitos de tua ação sejam compatíveis com a permanência de uma vida humana autêntica. A preocupação do autor estava no fato de que os avanços tecnológicos fossem capazes de extinguir a vida na Terra, daí porque a necessidade de sobrelevar a responsabilidade na conduta dos cientistas.

Por fim, tem-se o princípio da dignidade da pessoa humana que consta no artigo 1.º, III, do texto constitucional, que como mencionado é a garantia de pleno desenvolvimento dos vários aspectos da pessoa, garantindo-lhe o arcabouço de manifestações do ser humano, seja física, psíquica e espiritual.

3.2.5 A quem é devido o devido processo legal?

Na Constituição Federal de 1988, o princípio do devido processo legal aparece desenvolvido no Art. 5.º nos seguintes incisos, *in verbis*:

> XXXV – a lei não excluirá da apreciação do Poder Judiciário lesão ou ameaça a direito;
>
> XXXVII – não haverá juízo ou tribunal de exceção;
>
> LIII – ninguém será processado nem sentenciado senão pela autoridade competente;
>
> LIV – ninguém será privado da liberdade ou de seus bens sem o devido processo legal;

LV – aos litigantes, em processo judicial ou administrativo, e aos acusados em geral são assegurados o contraditório e ampla defesa, com os meio e recursos a ela inerentes;

LVI – são inadmissíveis, no processo, as provas obtidas por meios ilícitos;

LVII – ninguém será considerado culpado até o trânsito em julgado de sentença penal condenatória;

LVIII – o civilmente identificado não será submetido à identificação criminal, salvo nas hipóteses previstas em lei;

LX – a lei só poderá restringir a publicidade dos atos processuais quando a defesa da intimidade ou o interesse social o exigirem;

A crítica que aqui se propõe é a pergunta: a quem é devido o devido processo legal? Porque na prática, a aplicação do princípio varia conforme a classe social. Para Ana Darwich (2010, p. 18-19):

> O que está subjacente a toda e qualquer teoria da cidadania, enquanto projeção do princípio da igualdade em seu aspecto jurídico, é a noção moderna e contemporânea de dignidade humana aqui compreendida com o reconhecimento, não apenas jurídico, como também social e político, de que todos os seres humanos são dignos e merecem respeito. Logo, os direitos universais são a expressão do princípio da dignidade, da mesma forma que a universalização dos direitos só se torna possível quando os indivíduos passam a ser concebidos juridicamente como iguais e a inadmissibilidade de exceções e privilégios passa a reger a afirmação da universalidade dos direitos.

Contudo, Kant de Lima (2004 *apud* Darwich, 2010, p. 20) expõe algumas incongruências por ele observadas no sistema judicial criminal que se apresentam como paradoxais no que se refere à aplicação do princípio da igualdade no processo penal brasileiro e seu ajuste às pretensões da ordem republicana que fazem parte do Estado brasileiro presente. Seus dados foram coletados a partir de pesquisa de campo realizada no sistema criminal e por meio de entrevistas feitas com os participantes desse sistema, como policiais, delegados, advogados e juízes.

Como resultado da pesquisa, o sociólogo Kant de Lima verificou momentos do processo penal em que há aplicação desigual da lei, como, por exemplo: a) uma função inquisitorial do inquérito policial; b) a tortura; c) prisão especial; d) competência por prerrogativa de função; e) assistência advocatícia; e f) ausência das testemunhas no processo.

Percebeu-se, então, que esses elementos do processo penal promoviam desigualdade no tratamento dos réus. No caso do inquérito policial, que tem uma função meramente investigativa e é encaminhado ao Ministério Público, para a partir daí se chegar a uma denúncia ou arquivamento, passou, na verdade, a ter um caráter inquisitório, em que o policial já define previamente a culpa do acusado.

Sobre a tortura, apesar de toda legislação protetiva e dos próprios Tratados Internacionais que proíbem tal prática, ela se encontra ainda muito presente na realidade da polícia brasileira. Outro exemplo de tratamento desigual é a figura da prisão especial, aquela concedida apenas a réus que tenham diploma de ensino superior, o que parece uma proteção especial para os privilegiados. Ainda servindo como proteção, há a competência por prerrogativa de função, na qual o cargo ou função que o indivíduo exerce faz com que em caso de cometimento de crime, ele seja julgado por uma instância superior, o que lhe garante certos benefícios, mais uma vez aqui uma circunstância privilegiada.

Além disso, há a prestação da assistência advocatícia, que é claramente diferenciada conforme o poder aquisitivo. Aqueles que podem pagar por um escritório de advocacia com vários profissionais à disposição terão com certeza a melhor defesa, enquanto os que não podem dependerão de advogados públicos, que apesar de competentes ficam, muitas vezes, sobrecarregados pelo excesso de demandas. A prestação judiciária deficitária leva a outros problemas, um deles também apontado na pesquisa é o fato de que as testemunhas de defesa que comparecem ao fórum precisam de auxílio, inclusive financeiro para se locomover até as audiências, o que no caso de poucos recursos pode se tornar algo difícil e prejudicar o réu. São situações delicadas que acabam por diferenciar o acesso à justiça.

Essa diferenciação começa na própria abordagem policial, que age de forma mais ou menos agressiva, dependendo de quem seja o acusado. Jessé Souza (2003 *apud* Darwich, 2010, p. 23) entende que o liame entre uma hierarquia valorativa, que se mascara de universal e neutra, com a produção de uma desigualdade social, tende a se naturalizar tanto no centro quanto na periferia do sistema, o que leva Ana Darwich (2010, p. 24) a concluir que passa a se formar uma subcidadania, cujo acesso à justiça, na sociedade brasileira, fica regulado por uma hierarquia moral pressuposta do valor ou do desvalor da pessoa humana. Nesse processo é que se forma a ideologia do desempenho e a dignidade do agente racional.

Sendo assim, para fundamentar a construção teórica do seu conceito de subcidadania, Jessé Souza (2003 *apud* Darwich, 2010, p. 24) irá recorrer ao conceito de *habitus* proposto por Bourdieu para sopesar a extensão sociológica da produção das diferenças sociais, bem como reaver a teoria clássica de Marshall para explicitar o processo histórico pelo qual a concepção de dignidade não prescindiu de um processo de aprendizado moral e político para que se tornasse hegemônica e possibilitasse a generalização e a expansão das dimensões da igualdade nas esferas civis, políticas e sociais.

Desse modo, Marshall (1967 *apud* Darwich, 2010, p. 24) defende que o discurso da igualdade e o ulterior processo de universalização dos direitos só se torna possível a partir da passagem, no processo histórico das sociedades modernas ocidentais, do prestígio da estima social fundada na honra para o reconhecimento baseado no desempenho diferencial repousado no trabalho.

> Esta mudança possibilitará que o conceito de dignidade substitua o conceito de honra aristocrática, uma vez que se abandonam os preceitos de atribuição de status social por meio da herança sanguínea ou familiar, modo pelo qual eram concedidos os títulos de nobreza pela sociedade europeia, em função de um tipo de valoração que se sustentará no valor atribuído aos seres humanos como um fim em si mesmo (Marshall, 1967 *apud* Darwich, 2010, p. 24).

No mundo moderno, a desigualdade se constrói por meio do fundamento da igualdade, pois as desigualdades que eram justificadas por uma hierarquia aristocrática passam, então, a ser justificadas pelas diferenças do desempenho no mercado de trabalho. Desse modo, o mesmo princípio de igualdade perante a lei é o que, de maneira perversa, legitima desigualdades econômicas, políticas e sociais reguladas pelo mercado.

Kreckel (1992 *apud* Darwich, 2010, p. 26) apresenta a ideologia do desempenho como o conjunto de representações simbólicas que, atribuindo um caráter moral e valorativo ao trabalho, exerce a função de legitimar uma hierarquia classificatória entre os seres humanos. Trata-se de uma ideologia, pois, além de estimular e premiar o desempenho das capacidades individuais aplicadas em um mercado caracterizado pela competitividade, apresenta-se como critério de legitimação do acesso diferencial das oportunidades de vida e da distribuição de bens escassos.

No livro de Aldous Huxley, *Admirável mundo novo* (2003), essa classificação entre os seres humanos se dá de modo artificial, desde a escolha dos embriões, porque nessa ficção os seres humanos são produzidos em laboratório e ao nascer cada um é alocado em uma categoria previamente definida. Para que se encaixem na classe respectiva, eles são criados para isso, na verdade condicionados, dormem ouvindo uma repetição de frases que os induz a ter orgulho de pertencer à classe que lhes foi concedida.

A questão é: como se estuda Direitos Humanos, sob uma perspectiva universalista, levando em consideração o que foi tratado supra?

Compreendo que não se vai solucionar os problemas de desigualdade na população com uma imposição universalista de valores dos Direitos Humanos, mas muito mais, desvendando os mecanismos de poder para que se entenda efetivamente como eles atuam na sociedade, a fim de se pensar em uma solução mais eficaz. Daí porque é proposta em seguida uma crítica ao humanismo.

3.2.6 Crítica ao humanismo

O escritor Jean Paul[29] observou que livros são cartas dirigidas a amigos, no entanto, mais longas. Para Nietzsche, a escrita seria o poder de transformar o amor ao próximo no amor à vida que ainda está por vir. Assim, Sloterdijk entende que no velho mundo, e mesmo às vésperas dos modernos Estados nacionais, saber ler significava de fato algo como a participação em uma elite cercada de mistérios, para ele os humanizados não eram mais do que a seita dos alfabetizados (Sloterdijk, p. 7-11).

O serviço militar assim como a leitura obrigatória e universal dos clássicos caracterizavam a época burguesa, isto é, aquela era da humanidade armada e dedicada à leitura, para a qual os conservadores olham

---

[29] Jean Paul, pseudônimo de Johann Paul Friedrich Richter (nascido em 21 de março de 1763, em Wunsiedel, antigo Principado de Bayreuth [Alemanha] — falecido em 14 de novembro de 1825, em Bayreuth, na Bavaria), novelista e humorista alemão, cujos trabalhos foram imensamente populares nos primeiros 20 anos do século 19. Seu pseudônimo, Jean Paul, refletia a sua admiração pelo escritor francês Jean-Jacques Rousseau. O estilo de escrever de Jean Paul fez a ponte da mudança na literatura entre os ideais formais do classicismo de Weimar e o transcendentalismo intuitivo do início do romancismo. Disponível em: https://www.britannica.com/biography/Jean-Paul e em http://ler-e-escrever.blogspot.com/2007/04/literatura-filosofia-e-amizade--drummond.html. Acesso em: 4 jun. 2018.

nostálgicos e impotentes. De 1789 a 1945, os nacional-humanismos livrescos estiveram em seu ápice, predominava a casta dos filólogos clássicos e modernos, que procuravam perpetuar seus conhecimentos. Dessa forma, o humanismo burguês teria sido o pleno poder de impor à mocidade o valor universal das leituras nacionais.

Diante do fenômeno da radiodifusão em 1918 e da televisão em 1945, a época do humanismo nacional burguês chegou ao fim. Além disso, com a atual revolução da internet a coexistência humana da moderna sociedade de massa foi remodelada, porque a literatura clássica já não foi suficiente para manter os laços telecomunicativos.

A literatura de modo algum chegou ao fim, mas diferenciou-se em uma subcultura. A era do humanismo moderno terminou, pois grandes estruturas políticas e econômicas não se sustentam com o modelo de formação escolar da sociedade literária. Após 1945, não fazia sentido retornar dos horrores da guerra para uma sociedade pacificada dos amigos da leitura, "como se uma juventude goetheana pudesse fazer esquecer uma juventude hitlerista" (Sloterdijk, 2000, p. 15).

> Naquele momento, parecia para muitos absolutamente indispensável, ao lado das recém-instauradas leituras romanas, retomar também as segundas, as leituras bíblicas básicas dos europeus, e evocar os fundamentos do recém-descoberto Ocidente no humanismo cristão. Esse neo-humanismo que desesperadamente volta os olhos para Roma passando por Weimar foi um sonho de salvação da alma europeia por meio de uma bibliofilia radicalizada – um entusiasmo melancólico-esperançoso pelo poder civilizador e humanizador da leitura clássica – se, por um momento, nos dermos a liberdade de conceber Cícero e Cristo lado a lado como clássicos (Sloterdijk, 2000, p. 15-16).

Ainda o mesmo autor entende que o humanismo tem sempre um "contra quê", visto que constitui o esforço para retirar o ser humano da barbárie. Segundo Sloterdijk, há uma preocupação quanto ao futuro da humanidade e dos meios de humanização no sentido de dominar as tendências de embrutecimento entre os seres humanos, que costuma ocorrer quando há guerras ou pela própria bestialização cotidiana dos entretenimentos da mídia (Sloterdijk, 2000, p. 16-17).

> O fenômeno do humanismo hoje merece atenção antes de mais nada porque nos recorda – embora de forma velada

> e tímida – que as pessoas na cultura elitizada estão submetidas de forma constante e simultânea a dois poderes de formação – vamos aqui denominá-los, para simplificar, influências inibidoras e desinibidoras. Faz parte do credo do humanismo a convicção de que os seres humanos são "animais influenciáveis" e de que é portanto imperativo prover-lhes o tipo certo de influências. A etiqueta "humanismo" recorda – de forma falsamente inofensiva – a contínua batalha pelo ser humano que se produz como disputa entre tendências bestializadoras e tendências domesticadoras (Sloterdijk, 2000, p. 17).

Sloterdijk ainda esclarece que só é possível compreender o humanismo antigo se for entendido como uma luta entre mídias, ou seja, a oposição do livro contra o anfiteatro; a oposição da leitura filosófica contra as sensações e a embriaguez dos estádios. Os romanos tinham a rede de meios de comunicação de massa muito bem fundamentada com os seus combates de gladiadores que disputavam até a morte. O mesmo autor cita o filme *O massacre da serra elétrica* como comparável àqueles combates da Roma antiga, a famosa fórmula do "pão e circo".

Em 1946, o filósofo Martin Heidegger escreveu um célebre artigo pelo qual inaugura um campo de pensamento trans-humanista ou pós-humanista. Heidegger explica que seu trabalho a partir de *Ser e tempo* se volta contra o humanismo, ele se revolta contra a concepção da essência do homem como uma *animalitas* expandida por adições espirituais, pois para ele a essência do ser humano não pode ser expressa sob um parâmetro biológico, ainda que composta por um fator transcendente.

> Se há um fundamento filosófico para se falar da dignidade do ser humano, então é porque justamente o homem é chamado pelo próprio ser e – como Heidegger enquanto filósofo pastoral gosta de dizer – escolhido para sua guarda. Por isso, os homens possuem a linguagem; mas a finalidade precípua dessa posse, segundo Heidegger, não é apenas entender-se e domesticar-se mutuamente nesses entendimentos (Sloterdijk, 2000, p. 26).

Assim, apesar de criticar o humanismo, Heidegger acaba por preservá-lo, pois radicaliza o elemento mais importante do humanismo clássico – o estabelecimento de amizade do ser humano pela palavra do outro – e o transfere da esfera pedagógica para o centro da consciência ontológica. Daí a ridicularização da descrição que Heidegger faz do ser humano como pastor do ser, em que usa imagens do domínio da pastoral e do idílio para expressar que a essência do ser humano é guardar o ser.

Heidegger interpreta que o fascismo foi a síntese do humanismo e do bestialismo, uma paradoxal confluência de inibição e de desinibição, de modo que o fascismo fosse uma forma desinibida da metafísica.

Para Sloterdijk (2000, p. 32-33), Heidegger não leva em consideração as duas narrativas pelas quais o animal *sapiens* se tornou o homem *sapiens*. A primeira é a aventura da hominização, na qual a estória pré-humana primitiva surgiu do mamífero vivíparo humano, um gênero de criaturas de nascimento prematuro que saíram para os seus ambientes com o crescimento de inacabamento animal, em que se consuma a revolução antropogenética, ou seja, a ruptura do nascimento biológico, dando lugar ao ato do vir-ao-mundo.

> Dessa explosão, Heidegger – em sua obstinada reserva contra toda a antropologia, e em sua ânsia de preservar o ponto de partida ontologicamente puro no Estar-aí (*Dasein*) e no estar-no-mundo dos seres humanos – não toma nem de longe suficiente conhecimento. Pois, o fato de que o homem pôde tornar-se o ser que está no mundo tem raízes na história da espécie, raízes que se deixam entrever pelos conceitos profundos da precocidade do nascimento, da neotenia e da imaturidade animalesca crônica do ser humano. O ser humano poderia até mesmo ser definido como a criatura que fracassou em seu ser animal e em seu permanecer-animal. Ao fracassar como animal, esse ser indeterminado tomba para fora de seu ambiente e com isso ganha o mundo no sentido ontológico. Esse vir-ao-mundo extático e "outorga" para o ser estão postas desde o berço para o ser humano como heranças históricas da espécie. Se o homem está-no-mundo, é porque toma parte de um movimento que o traz ao mundo e o abandona ao mundo. O homem é o produto de um hiper-nascimento que faz do lactente um habitante do mundo (Sloterdijk, 2000, p. 34).

Por outro lado, a história da clareira é um acontecimento nas fronteiras entre as histórias da natureza e da cultura, quando o humano chega ao mundo, ele chega à linguagem e também nas casas onde habita se integra ao modo sedentário de vida, sendo, portanto, domesticado por suas habitações. Poucos filósofos se interessaram por investigar o complexo biopolítico que envolve a relação entre homens e animais domésticos.

Sloterdijk (2000, p. 39), citando *Assim falou Zaratustra*, de Nietzsche, trata do discurso teórico sobre o ser humano como força domesticadora e criadora. Essa tese do ser humano como criador de seres humanos faz eclodir o humanismo: "o humanista assume o homem como dado de antemão e aplica-lhe então seus métodos de domesticação, treinamento e formação – convencido que está das conexões necessárias entre ler, estar sentado e acalmar" (Sloterdijk, 2000, p. 39).

> Esse é o conflito fundamental que Nietzsche postula para todo o futuro: a luta entre os que criam o ser humano para ser pequeno e os que o criam para ser grande – poder-se-ia também dizer entre os humanistas e os super-humanistas, amigos do homem e amigos do "super-homem" [Übermensch]. O emblema do Übermensch não figura nas reflexões de Nietzsche como sonho de uma rápida desinibição ou de uma evasão para a bestialidade – como julgavam nos anos 30 os maus leitores de Nietzsche calçados de botas. A expressão tão pouco representa a ideia de uma criação regressiva do ser humano para um *status* anterior à época do animal doméstico ou do animal eclesiástico. Ao falar do Übermensch, Nietzsche tem em mente uma era muito além da atual. Ele toma como medida os remotos processos milenários pelos quais, graças a um íntimo entrelaçamento de criação, domesticação e educação, a produção de seres humanos foi até agora empreendida – um empreendimento, é verdade, que soube manter-se em grande parte invisível e que, sob a máscara da escola, visava o projeto de domesticação (Sloterdijk, 2000, p. 41).

A cultura da escrita produziu efeitos seletivos, criando um fosso entre as pessoas letradas e iletradas, o que pode dar ensejo à tese de que os homens são animais dos quais alguns dirigem a criação de seus semelhantes enquanto os outros são criados. Algo análogo aparece em Nietzsche, para quem dentre os homens nas pequenas casas, alguns poucos querem, e outros querem por eles, que seria a maioria. Estes últimos existem apenas como objeto, e não como sujeito de seleção.

Posteriormente, Sloterdijk (2000, p. 47) traz à tona um ponto de importante reflexão:

> Se o desenvolvimento a longo prazo também conduzirá a uma reforma genética das características da espécie – se uma antropotecnologia futura avançará até um planejamento explícito de características, se o gênero humano poderá

levar a cabo uma comutação do fatalismo do nascimento ao nascimento opcional e à seleção pré-natal – nestas perguntas, ainda que de maneira obscura e incerta, começa a abrir-se à nossa frente o horizonte evolutivo.

Em continuação, o mesmo filósofo faz uma crítica a Platão, explicitando que desde *O Político* e *A República* apresentam discursos que abordam a comunidade humana como um parque zoológico que é ao mesmo tempo um parque temático, no qual a manutenção de seres humanos em cidades surge como uma tarefa zoopolítica. O que podia ser entendido como um pensamento político seria uma reflexão sobre regras de administração de parques humanos.

> Se há uma dignidade do ser humano que merece ser trazida ao discurso de forma conscientemente filosófica, isso se deve sobretudo ao fato de que as pessoas não apenas são mantidas nos parques temáticos políticos, mas porque se mantêm lá por si mesmas. Homens são seres que cuidam de si mesmos, que guardam a si mesmos, que – onde quer que vivam – geram a seu redor um ambiente de parque (Sloterdijk, 2000, p. 49).

A consideração de Sloterdijk (2000, p. 55) leva a pensar que o enunciado por Platão foi o de um programa social humanista governado por um único senhor da arte régia do pastoreio, no qual a tarefa desse super-humanista seria o planejamento das características de uma elite que deve ser criada em benefício do todo. O pastor digno de credibilidade para Platão é aquele que, no início dos tempos, sob o reinado de Cronos, havia cuidado diretamente dos homens. Porém, sob o reinado de Zeus, os deuses se retiraram e deixaram aos homens os cuidados de sua própria guarda, por isso, restou ao sábio essa função. Sem o sábio, o cuidado do homem pelo homem é ilusório.

> Dois mil e quinhentos anos depois da tecedura de Platão, parece que agora não só os deuses, mas também os sábios se retiraram, deixando-nos sozinhos com nossa ignorância e nosso parco conhecimento das coisas. O que nos restou no lugar dos sábios são os seus escritos, com seu brilho áspero e sua crescente obscuridade (Sloterdijk, 2000, p. 56).

O texto de Peter Sloterdijk, *Regras para o parque humano*, analisado supra, desencadeou uma grande polêmica entre os filósofos alemães, que teve ecos na França e também no Brasil. O autor foi acusado de defender uma revisão tecnogenética da humanidade e a seleção pré-natal, o que ensejaria um discurso fascista.

Ao interpretar o texto de Sloterdijk, José Marques faz a seguinte observação sobre o tópico da inibição e desinibição:

> As origens do humanismo na Antiguidade estiveram ligadas, para Sloterdijk, ao exercício de uma inibição, de uma *Hemmung*: o hábito da leitura como capaz de pacificar, domesticar, desenvolver a paciência, em oposição aos frenéticos divertimentos do "desinibido *homo inhumanus*" nos teatros ao redor do Mediterrâneo. Há, no humanismo, um esforço de repressão, de retratação dessa animalidade e dessa selvageria latentes no ser humano. Mas o humanismo não se esgota nesse aspecto pacificador. Uma vez constituídas as comunidades irmanadas pelas suas literaturas, elas podem tratar das formas de defesa de seus interesses comunitários: os humanismos nacionais burgueses do século XIX constituíram-se como uma força capaz de impor a seus jovens a leitura de clássicos nacionais e, ao mesmo tempo, a prestação do serviço militar nos novos exércitos nacionais; eles refletem sociedades disciplinadas que levam muito a sério sua identidade literária e sua proficiência militar (Marques, 2002, p. 6).

Para Sloterdijk, Nietzsche foi um grande crítico da domesticação. Isso se revela na passagem "Da virtude apequenadora", do *Zarathustra*, na qual o personagem contempla as pequenas casas dos homens e se pergunta quem pode morar nelas, já que são tão pequenas. Mais do que domesticação, Nietzsche entenderia que esse processo trata-se de uma autêntica criação com a aplicação de práticas de seleção: criadores moldaram os seres humanos como seres pacíficos e inócuos (Marques, 2002, p. 8).

A proposta de Nietzsche seria opor aos que criam o homem para ser pequeno, o projeto de criá-lo para ser grande. Esse seria o sentido, em Nietzsche, de uma superação do humanismo. Com isso, parece que a proposta nietzscheana de criar esse novo ser humano exigiria, pelo menos em parte, um processo de desinibição para impedir os mecanismos sociais repressivos, historicamente utilizados para submeter os fortes ao interesse dos fracos. Quanto às técnicas genéticas nesse processo, não há nada no texto de Sloterdijk que defenda a produção de um super-homem (*Übermensch*) em laboratório (Marques, 2002, p. 8).

No que se refere à Bioética e ao Biodireito aqui estudados, verifica-se que um código ético é necessário para nortear os parâmetros da Biotecnologia e todas as inovações desenvolvidas por ela. Entretanto, na análise desses saberes é preciso que leve-se em consideração a Biopolítica e a crítica ao humanismo, especialmente ao princípio universal de dignidade como algo dado e não construído.

CAPÍTULO IV

EUGENIA COMO ASSEPSIA DO CORPO SOCIAL

Após o estudo da problematização da noção de Biopolítica em Michel Foucault, fez-se a análise do Biodireito e da Bioética e, por fim, neste último capítulo, optou-se por destacar um dos temas que parece atravessar esse percurso realizado. Trata-se da eugenia, compreendida aqui como o que Foucault chama de uma das grandes inovações da segunda metade do século XIX, que juntamente à medicina das perversões, está relacionada à tecnologia do sexo.

Essas inovações relacionadas à tecnologia do sexo articulavam-se na teoria da degenerescência, segundo a qual uma hereditariedade carregada de doenças levava ao nascimento de um pervertido sexual, e, ainda, ao esgotamento da descendência por meio da esterilidade; "faça-se uma busca na genealogia de um exibicionista ou de um homossexual e se encontrará um ancestral hemiplégico, um genitor tísico ou um tio com demência senil" (Foucault, 2015, p. 128-129).

4.1 Conceito e histórico

Ao contrário do que se imagina, a eugenia não foi um movimento pequeno de alguns poucos excêntricos. O termo "eugenia" foi cunhado em 1883 por Francis Galton, primo de Charles Darwin, que significa "bem-nascido". Galton acreditava que a hereditariedade dominava o talento e o caráter, ele achava possível "produzir uma raça altamente talentosa de seres humanos por meio de casamentos criteriosos durante diversas gerações consecutivas" (Sandel, 2013, p. 77). Era como uma concepção religiosa que deveria ser difundida na população para que todos passassem a adotar critérios físicos e de eficiência nas atividades que desenvolviam para a escolha dos parceiros com os quais se uniriam em matrimônio, a fim de conceber uma prole mais e mais desenvolvida, o que transformaria toda a sociedade.

Enquanto ciência, a eugenia se fundamentou em ideias ditas novas relacionadas às leis de hereditariedade, isso no fim do século XIX. Como movimento social, as propostas eugênicas eram de encorajar indivíduos e grupos "adequados" a se reproduzirem, ao mesmo tempo que propunha que os "inadequados" imprimissem suas inadequações às gerações futuras (Stepan, 2005, p. 9).

> Em termos práticos, a eugenia encorajou a administração científica e "racional" da composição hereditária da espécie humana. Introduziu também novas ideias sociais e políticas inovadoras potencialmente explosivas – como a seleção social deliberada contra os indivíduos supostamente "inadequados", incluindo-se aí cirurgias esterilizadoras involuntárias e racismo genético (Stepan, 2005, p. 9).

Nancy Leys Stepan (2005, p. 12) aponta algumas razões pelas quais entende que houve certo apagamento do debate da eugenia no meio científico e pelo público em geral:

a. A principal razão seria a conexão que foi feita entre eugenia e o regime nazista; a autora supra sustenta que equiparar a eugenia à Alemanha nazista é problemático, primeiro porque ocultam-se continuidades na eugenia entre os períodos fascistas e pré-fascistas. Segundo, acaba-se por não incluir o envolvimento de muitas outras nações no experimento eugênico.

b. Há, ainda, uma tendência de chamar a eugenia de pseudociência, o que seria uma forma conveniente de deixar de fora muitos cientistas de peso que a endossaram, além de ignorar a natureza política de boa parte das ciências biológicas e humanas.

Assim, Stepan (2005, p. 13) conclui que:

> Estudar a eugenia em suas formas não-nazistas pode ser mais importante porque a eugenia nazista foi tão brutal, tão excessiva e tão aterrorizadora que é tentador encará-la como uma aberração histórica. Precisamos recapturar a eugenia "ordinária" e seus significados sociais.

Nos Estados Unidos, a ideia de Galton ganhou terreno fértil e deu origem a um movimento popular nas primeiras décadas do século XX. Com isso, em 1910, o biólogo Charles B. Davenport abriu o *Eugenic Records Office* em *Cold Spring Harbor, Long Island*. Tinha por objetivo enviar trabalhadores de campo a prisões, hospitais, asilos para pobres e sanatórios em todo o país a fim de investigar e coletar dados sobre os antecedentes genéticos dos assim considerados defeituosos, ele esperava que tais dados pudessem fornecer a base para os esforços da eugenia de evitar a reprodução dos geneticamente desqualificados. O trabalho de Davenport foi financiado pela *Carnegie Institution*; também pela Sr.ª E.H. Harriman, viúva e herdeira do magnata das ferrovias da Union Pacific; e por John D. Rockefeller Jr., além disso, importantes figuras do movimento reformista progressista da época apoiaram a causa eugênica.

Theodore Roosevelt (1913 *apud* Sandel, 2013, p. 78) escreveu ao biólogo Charles Davenport: "um dia perceberemos que o principal dever, o dever inescapável, do bom cidadão do tipo correto, é deixar seu sangue nesse mundo, e que não podemos permitir a perpetuação dos cidadãos do tipo errado". Margaret Sanger, conhecida pelo seu pioneirismo no movimento feminista e pela defesa do controle de natalidade, também adotou a eugenia: "Mais crianças dos qualificados, menos dos desqualificados – essa é a principal questão do controle de natalidade." (*apud* Sandel, 2013, p. 78).

Em 1912, ocorre em Londres o *First International Eugenics Congress* (Primeiro Congresso Internacional de Eugenia), reunindo cerca de 750 participantes de vários países europeus e dos Estados Unidos. Nos anos de 1921 e 1932, já na cidade de Nova Iorque ocorrem mais dois congressos internacionais de eugenia e em 1921 é fundada uma federação internacional de sociedades eugênicas com o objetivo de coordenar as atividades de várias organizações nacionais e de diversas iniciativas legais desenvolvidas até então.

Nos Estados Unidos de 1920, eram oferecidos cursos de eugenia em 350 faculdades e universidades do país, onde parte do programa de eugenia cumpria seu caráter educacional, que exortava os jovens americanos privilegiados para seu dever reprodutor. O movimento de eugenia também fazia *lobby* para a criação de leis que impedissem a reprodução de pessoas ditas desqualificadas. Com isso, em 1907 o estado de Indiana adotou a primeira lei de esterilização compulsória para pacientes mentais, prisioneiros e miseráveis. Vinte e nove estados americanos acabaram adotando leis de esterilização compulsória e mais de 60 mil americanos geneticamente "defeituosos" foram esterilizados.

A castração chegou a ser usada para atender a fins terapêuticos, curar doenças, como a supressão de hérnias, cura de leprosos, pacientes com câncer na próstata, prevenir epilepsia ou gota, ou para fins eugênicos como relatado anteriormente. Assim, em 1779, o médico alemão Johann Peter Franck emasculava doentes mentais com o escopo de evitar a degeneração da raça. Em 1885, no Manicômio de Winnfield, Kansas, o superintendente do local, chamado Hoyt, castrou 44 meninos e 14 meninas, já em 1889, no Michigan, surge o primeiro projeto de lei para castração de doentes mentais, contudo foi rejeitado.

4.2 Eugenia no Brasil[30]

Diferentemente da estrutura dominante da Grã-Bretanha, dos Estados Unidos e da Alemanha, que se baseava na concepção mendeliana da genética, a eugenia no Brasil seguia uma corrente alternativa de noções lamarckianas de hereditariedade, o que refletia uma influência francesa, bem como fatores mais locais de cultura política.

O tema da eugenia emergiu em muitas áreas da América Latina, nas últimas décadas do século XIX, como parte de debates sobre evolução, degeneração, progresso e civilização. Porém, a sistematização do discurso eugênico surgiu depois da Primeira Guerra Mundial, quando foram esta-

---

[30] No Brasil, ainda ligado ao tema da limpeza social, no século XX, tem-se o escandaloso caso de Minas Gerais, precisamente na cidade de Barbacena, denunciado no texto da jornalista Daniela Arbex, Holocausto brasileiro (2013). Em seu trabalho a jornalista revela o que acontecia no Colônia, um dos maiores hospícios do Brasil, onde cerca de 60 mil pessoas morreram, das quais a maioria fora enfiada nos vagões de trem e internada à força. No Colônia de Barbacena, cerca de 70% dos internos não tinham diagnóstico de doença mental, eram epiléticos, alcóolatras, homossexuais, prostitutas, rebeldes, pessoas que se tornavam incômodas para alguém que detinha poder. Nesse rol, ainda havia jovens grávidas, violentadas por seus patrões, esposas confinadas para que o marido pudesse morar com a amante, filhas de fazendeiros que mantiveram relações sexuais antes do matrimônio, homens e mulheres que haviam extraviado seus documentos, pessoas tímidas e pelo menos 33 crianças.
Além disso, ainda havia as péssimas condições de tratamento pelo qual os internos passavam, sem alimentação adequada chegavam a comer ratos, bebiam água de esgoto ou urina, dormiam sobre capim para que não se tivesse trabalho e gastos com camas e lençóis hospitalares, eram espancados e violados. O descaso para com os pacientes era evidente, e essa condição de desumanidade é que aproxima a história do hospício Colônia no Brasil ao extermínio dos judeus e ciganos da Segunda Guerra Mundial. Não é por acaso que o hospício de Barbacena e os horrores que lá se viviam ficaram conhecidos como o holocausto brasileiro. Interessante notar que as teorias eugenistas também serviam de fundamentação para justificar a existência e permanência de uma instituição como o Colônia, considerada uma instituição tradicional que mantinha seu funcionamento desde 1903, com o apoio da Igreja Católica da época. Com isso, Arbex (2013, p. 15) ainda relata: "Desde o início do século XX, a falta de critério médico para as internações era rotina no lugar onde se padronizava tudo, inclusive os diagnósticos. Maria de Jesus, brasileira de apenas vinte e três anos, teve o Colônia como destino, em 1911, porque apresentava tristeza como sintoma. Assim como ela, a estimativa é que 70% dos atendidos não sofressem de doença mental. Apenas eram diferentes ou ameaçavam a ordem pública. Por isso, o Colônia tornou-se destino de desafetos, homossexuais, militantes políticos, mães solteiras, alcoolistas, mendigos, negros, pobres, pessoas sem documentos e todos os tipos de indesejados, inclusive os chamados insanos. A teoria eugenista, que sustentava a ideia de limpeza social, fortalecia o hospital e justificava seus abusos. Livrar a sociedade da escória, desfazendo-se dela, de preferência em local que a vista não pudesse alcançar".

belecidas sociedades e organizações eugênicas específicas. Nesse sentido, a eugenia acabou por influenciar a história da medicina, da família, da maternidade, da população, da criminologia, da saúde pública e do bem-estar social. Com isso, muitas leis referentes à reprodução humana, ao controle de doenças e à regulação da imigração para a América Latina só podem ser totalmente compreendidas se forem considerados conceitos eugênicos que, no mínimo, fundamentaram sua estrutura retórica e embasamento médico-moral (Stepan, 2005, p. 15).

O que é interessante sobre a pesquisa de Stepan (2005, p. 16) é que ela examina a eugenia na América Latina sob dois aspectos: primeiro como ciência da hereditariedade conformada por fatores políticos, institucionais e culturais próprios do contexto histórico; e segundo, enquanto movimento social, como um conjunto de propostas políticas que se pensavam surgidas da própria ciência da hereditariedade.

Para Stepan:

> Um corolário da própria história construtivista da ciência é que o historiador não mais conceitua a ciência como algo que retrate a realidade de alguma forma direta ou transparente, mas como algo que constrói ou cria os objetos de seus estudos lhes dá peso e significado empíricos. A genética e a eugenia, por exemplo, criaram e deram significado científico e social a novos objetos de estudo, como os indivíduos ou grupos supostamente inadequados hereditariamente (ou disgênicos) que constituíam populações humanas particulares. Neste sentido, a ciência é vista como uma força produtiva que gera conhecimento e práticas que conformam o mundo em que vivemos (Stepan, 2005, p. 16-17).

Desse modo, a tese de Stepan (2005, p. 17) é mostrar como a eugenia, percebida como ciência, produziu percepções e técnicas que conformaram interpretações culturais e propiciaram o desenvolvimento de estratégias sociais.

No tocante à raça, a eugenia por vezes significava simplesmente a melhoria genética da raça humana, de uma maneira geral. Contudo, os eugenistas interessavam-se por parcelas específicas da população humana, que dividiam em raças distintas e desiguais. Assim, grupos que se autoidentificavam como dominantes marcavam outros grupos como inferiores fazendo uso de um discurso que afirmava as diferenças e estabelecia fronteiras.

Pressupunha-se que essas diferenças fossem fixas e naturais (biológicas, por exemplo) e que circunscrevessem cada membro individual a um tipo fundamental. Como um movimento derivado de ideias sobre a hereditariedade biológica, a eugenia forneceu um novo conjunto de conceitos e princípios políticos com os quais podiam ser expressas e constituídas diferenças dentro do corpo social (Stepan, 2005, p. 17).

Havia, ainda, outro conjunto de diferenças ao qual se ligava a eugenia, que eram as diferenças de sexo e gênero. Stepan (2005, p. 18) revela que os eugenistas preocupavam-se principalmente com as mulheres, pois consideravam que a reprodução definia o seu papel social. Além disso, as mulheres eram consideradas mais vulneráveis e socialmente dependentes que os homens, fazendo com que o controle de suas vidas reprodutivo-hereditárias fosse mais urgente e mais factível.

Em linha com a abordagem social construtivista delineada anteriormente, presumo que a definição de raça e gênero não sejam dadas pela natureza, mas que sejam historicamente constituídas de formas distintas em diferentes períodos históricos. No caso do gênero, esta premissa baseia-se no *insight* desenvolvido ao longo dos últimos anos por muitos intelectuais, notadamente feministas, de que muitas das coisas que consideramos fatos naturais, essenciais ou ancestrais da diferença sexual não decorrem de uma percepção não-problemáticas e objetiva da anatomia e fisiologia entendidas pela mente inquisitiva do observador neutro; antes, são construções complicadas e essencialmente sociais legadas a práticas e instituições mais abrangentes da sociedade. Os intelectuais feministas introduziram a palavra *gender* (gênero) nas discussões em língua Inglesa precisamente para indicar que nosso entendimento das diferenças sociais, ou dos papéis sociais e políticos considerados apropriados a essas diferenças, não é óbvio, como frequentemente foi considerado, ou baseado simplesmente em diferenças bem conhecidas de fisiologia e anatomia sexuais. As diferenças sexuais na reprodução não bastam para explicar por que, no passado, negava-se às mulheres o direito ao voto, ou por que elas eram excluídas de certos tipos de trabalho e tratadas como legalmente incapazes. Tais aspectos das vidas das mulheres estão relacionados, ao contrário, com gênero, e são essencialmente políticos e normativos, não-biológicos e anatômicos (Stepan, 2005, p. 18).

De volta ao percurso histórico da eugenia no Brasil, nas duas primeiras décadas do século XX, o cenário social era formado por uma população racialmente mista, analfabeta e pobre, portanto, quando surge o movimento eugênico, uma pequena elite de origem europeia, que se preocupava com a identidade racial e a saúde da nação, encontrou na possibilidade do aprimoramento racial, por meios científicos, um grande atrativo para as concepções defendidas por médicos e reformadores sociais, o que fez do Brasil um líder na América Latina em ciências biomédicas e saneamento, e foi onde se formou a primeira sociedade eugênica.

A primeira sociedade brasileira de eugenia foi fundada em 1918, meses mais tarde a Argentina fundaria a sua, apenas dez anos após o estabelecimento da equivalente britânica e seis anos depois da francesa. Stepan (2005, p. 46-47) relembra que o Brasil do século XX era formado por uma sociedade econômica e racialmente estratificada, embora denominada uma república liberal, na prática era governada por uma pequena elite, em sua maioria branca, sendo que menos de 2% da população tinha direito a voto. A maioria das pessoas era negra ou mulata e analfabeta, além disso, muitos intelectuais da época entendiam que o liberalismo democrático era irrelevante ou prejudicial para o futuro do país.

> Na segunda década do século XX, a atroz pobreza e a deplorável saúde dos pobres haviam se cristalizado na consciência pública como uma questão nacional – a questão social. O grupo que mais inquietava os médicos, os especialistas em saneamento e os reformadores brasileiros era, em sua maior parte, constituído por negros e mulatos. Estes profissionais presumiam que doenças sociais se acumulavam na base da hierarquia sócio-racial – que os pobres eram pobres porque eram anti-higiênicos, sujos, ignorantes e hereditariamente inadequados (Stepan, 2005, p. 47).

Apesar da urbanização, as cidades ainda apresentavam péssimas condições de habitação e saneamento, as políticas públicas que o Estado promovia de maneira autoritária provocaram oposição de parte da população pobre. Em 1917, alguns médicos fizeram a primeira defesa formal da eugenia. Esse foi o mesmo ano da greve nacional de trabalhadores ocorrida na cidade de São Paulo, o que expôs o potencial político daquela classe operária industrial e provocou também a reação autoritária da polícia que sufocou os distúrbios surgidos com a greve. Ocorre que a elite branca e educada da época temia a violência e o perigo que negros e mulatos representavam por meio da resistência política. Para essa mesma elite, eles eram considerados preguiçosos, indisciplinados, doentes, ébrios e em permanente vagabundagem. Assim, juntou-se ao medo dos pobres a preocupação com as revoltas dos operários. O discurso médico da época defendia que a eugenia representava um caminho para aliviar as tensões sociais de uma crescente população urbana.

A despeito da pequena expressividade dos cientistas latino-americanos, é preciso entender que a história da eugenia na região significava um endosso à ciência, um sinal de modernidade cultural que iria propiciar a inclusão desses países no cenário internacional, com isso o darwinismo ganhou espaço, de modo que muitos intelectuais e cientistas se apropriaram do darwinismo social pelo qual analisavam a história dos povos latino-americanos e seus destinos.

Foucault, ao problematizar o tema do nascimento da medicina social, trata da época do mercantilismo, em que a riqueza da nação estava diretamente ligada a uma população vasta, também na América Latina isso passa a ser uma preocupação do governo, pois pensava-se à época que era necessário preencher o grande território do Brasil e mesmo da Argentina para propiciar o progresso da Nação. Sendo assim, nas primeiras décadas do século XX, a saúde pública tornou-se um dos principais objetivos, as altas taxas de enfermidade da população eram vistas como empecilho ao desenvolvimento.

O objetivo de manter a população saudável era, sobretudo, o de manter uma classe operária em plenas condições de trabalho. Por tal motivo, dava-se muita importância para a família, a classe média latino-americana venerava a estrutura da família tradicional, entendendo que esta representava uma instituição fundamental para uma sociedade próspera. Algumas situações eram vistas como uma ameaça a essa família tradicional, como, por exemplo, a crescente presença das mulheres nos locais de trabalho, os novos costumes sexuais trazidos pela modernidade e pela imigração, a prostituição, os filhos ilegítimos, os abortos ilegais e o alcoolismo. Como resposta a tais perigos, constituía-se em sanear, moralizar e eugenizar a família. O enfoque estava sobre as mulheres e crianças, uma vez que a mortalidade de recém-nascidos era de 70%.

Além disso, a emergência da eugenia na América Latina era condicionada por ideologias raciais da região. No Brasil, por exemplo, as preocupações com a composição racial datam de 1808, desde a vinda da família real portuguesa, quando raça e relações raciais tornam-se temas centrais nos debates sobre a capacidade brasileira de desenvolver-se.

> Henry Thomas Buckle, Benjamin Kidd, Georges Vacher de Lapouge, Gustave Le Bon, o Conde de Gobineau e vários darwinistas sociais citavam suas teorias de inferioridade dos negros, de degeneração dos mulatos e de decadência tropical. Dos Estados Unidos vinha a mesma mensagem. Como evidência de que os mestiços não conseguiriam produzir uma alta civilização, os antropólogos apontavam para os Latino-Americanos, os quais, afirmavam, estavam agora pagando por sua liberalidade racial. Segundo os pensadores americanos, os cruzamentos promíscuos que se haviam verificado em boa parte da América Latina haviam produzido povos degenerados, instáveis, incapazes de desenvolvimento progressivo (Stepan, 2005, p. 53).

A elite da América Latina compartilhava dessas ideias expostas, desejava ser branca, daí porque no final do século XIX houve um grande incentivo à imigração europeia, que passa então a ser uma política nacional em vários países da região. Prevalecia, portanto, o tema da degeneração tropical e racial que pululava nas obras médicas da época, a clássica obra de Euclides da Cunha, *Os Sertões,* caracterizava o pensamento científico dominante.

> A mistura de raças mui diversas é, na maioria dos casos, prejudicial. Ante as conclusões do evolucionismo, ainda quando reaja sobre o produto o influxo de uma raça superior, despontam vivíssimos estigmas da inferior. A mestiçagem extremada é um retrocesso. O indo-europeu, o negro e o brasílio-guarani ou o tapuia, exprimem estádios evolutivos que se fronteiam, e o cruzamento, sobre obliterar as qualidades preeminentes do primeiro, é um estimulante à revivescência dos atributos primitivos dos últimos. De sorte que o mestiço — traço de união entre as raças, breve existência individual em que se comprimem esforços seculares — é, quase sempre, um desequilibrado (Cunha, 1982, p. 86-87).

Outro exemplo literário foi um livro chamado *Contos para crianças*, publicado no Brasil em 1912 e na Inglaterra em 1937, no qual há uma série de histórias cujo tema central gira em torno de como uma pessoa negra pode tornar-se branca. Esse é o núcleo narrativo do conto "A princesa negrina"[31].

Desde o descobrimento do Brasil, no que diz respeito aos índios, essa visão de que se deveria ter um domínio sobre um povo inferior era naturalizada. Schwarcz, citando o *Tratado* que data de 1576, escrito por Gândavo, destaca como o autor se referia às populações indígenas que chamava de uma multidão de bárbaros gentis que:

> Armados contra todas as nações humanas e, assim, como são muitos, permitiu Deus que fossem contrários uns aos outros, e que houvessem entre eles grandes ódios e discórdias, porque se assim não fosse os portugueses não poderiam viver na terra, nem seria possível conquistar tamanho poder de gente (Silva *apud* Schwarcz, 2012, p. 14).

Gândavo descrevia os indígenas brasileiros como seres atrevidos, sem crença na alma, vingativos, desonestos e dados à sensualidade, o que para Schwarcz (2012, p. 15) evidencia o modelo etnocêntrico, o qual interpretava costumes diversos ou variados como ausência ou carência.

---

[31] "Um bondoso casal real lamenta-se de sua má sorte: depois de muitos anos de matrimônio, Suas Majestades ainda não haviam sido presenteadas com a vinda de um herdeiro. No entanto, como recompensa por suas boas ações [...], o casal tem a oportunidade de fazer um último pedido à fada madrinha. E é a rainha que, comovida, exclama: 'Oh! Como eu gostaria de ter uma filha, mesmo que fosse escura como a noite que reina lá fora'. O pedido continha uma metáfora, mas foi atendido de forma literal, pois nasceu uma criança 'preta como um carvão'. E a figura do bebê escuro causou tal 'comoção' em todo o reino que a fada não teve outro remédio senão alterar sua primeira dádiva: não podendo transformar 'a cor preta na mimosa cor de leite', prometeu que, se a menina permanecesse no castelo até seu aniversário de dezesseis anos, teria sua cor subitamente transformada 'na cor branca que seus pais tanto almejavam'. Contudo, se desobedecessem à ordem, a profecia não se realizaria e o futuro dela 'não seria negro só na cor'. Dessa maneira, Rosa Negra cresceu sendo descrita pelos poucos serviçais que com ela conviviam como 'terrivelmente preta', mas, 'a despeito dessa falta, imensamente bela'. Um dia, porém, a pequena princesa negra, isolada em seu palácio, foi tentada por uma serpente, que a convidou a sair pelo mundo. Inocente, e desconhecendo a promessa de seus pais, Rosa Negra deixou o palácio e imediatamente conheceu o horror e a traição, conforme previra sua madrinha. Em meio ao desespero, e tentando salvar-se do desamparo, concordou, por fim, em se casar com o 'animal mais asqueroso que existe sobre a Terra' – 'o odioso Urubucaru'. Após a cerimônia de casamento, já na noite de núpcias, a pobre princesa preta não conseguia conter o choro: não por causa da feição deformada de seu marido, e sim porque nunca mais seria branca. 'Eu agora perdi todas as esperanças de me tornar branca', lamentava-se nossa heroína diante de seu não menos desafortunado esposo. Nesse momento, algo surpreendente aconteceu: 'Rosa Negra viu seus braços envolverem o mais belo e nobre jovem homem que já se pôde imaginar, e Urubucaru, agora o Príncipe Diamante, tinha os meigos olhos fixos sobre a mais alva princesa que jamais se vira'. Final da história: belo e branco, o casal conheceu para sempre 'a real felicidade'" (Schwarcz, 2012, p. 10-11).

4.3 Darwinismo Social

Foi no século XIX que os teóricos do darwinismo racial transformaram as características externas e fenotípicas em elementos essenciais que definiam a moralidade e o destino dos povos. Legitimados pela biologia, os modelos darwinistas sociais tornaram-se ferramentas eficazes para julgar povos e culturas a partir de critérios deterministas.

No Brasil, Nina Rodrigues, famoso médico da escola baiana, filiado ao darwinismo racial e aos modelos do poligenismo[32], entendia que a miscigenação extremada levava à degenerescência. Para ele os grupos humanos não eram capazes de evoluir igualmente e de atingir o progresso e a civilização, conferia às raças o estatuto de realidades estanques. Rodrigues antagonizou com os juristas que elaboravam o Código Penal de 1894, pois, para ele, cabia somente aos médicos o arbítrio sobre os corpos doentes, uma vez que na sua concepção o direito se baseava em uma ideia ultrapassada de igualdade e livre-arbítrio (Schwarcz, 2012, p. 21).

Nina defendia, com base em seus estudos, que de certas raças podia se esperar responsabilidade, enquanto de outras não. Assim o importante era anotar a noção de diferença racial, com isso o Código Penal Brasileiro não poderia se basear no Europeu, pois o povo brasileiro se constituía de outras raças. Para ele, a igualdade jurídica não passava de uma balela, defendia que a igualdade representava um dogma espiritualista, por isso definia a existência de ontologias raciais e a permanência de variações relevantes, tanto orgânicas quanto biológicas e cerebrais (Schwarcz, 2012, p. 23).

Segundo Schwarcz:

> O modelo adotado implicará, por sua vez, a explicitação da tese inicial – a diferença de imputabilidade entre as raças –, combinada com a demonstração dos casos clínicos que comprovavam a existência da degeneração, exposta nos exemplos de epilepsia, neurastenia (fadiga), histeria, alienação, quando não de criminalidade. O conjunto permitiria demonstrar a doença e a inviabilidade do próprio Código

---

[32] Poligenismo "é uma teoria sobre as origens dos humanos que postula a existência de diferentes linhagens para as raças humanas. Alguns dos seus defensores derivam os seus postulados a partir de bases científicas e outros de bases pseudocientíficas ou religiosas. A teoria opõe-se à hipótese da origem única, ou monogenismo, hoje com forte aceitação face aos resultados genéticos obtidos da análise do genoma humano". Disponível em: http://www.dicionarioinformal.com.br/poligenismo/. Acesso em: 21 dez. 2017.

> Penal, enganado pelo princípio voluntarista da Ilustração, por ele chamada de a falácia da igualdade (Schwarcz, 2012, p. 22-23).

Portanto, Nina acreditava numa relatividade de cunho evolucionista, para a qual os crimes são involuntários em certas raças inferiores, dessa forma não se poderia julgá-los com os códigos de "povos civilizados". Ele criticava os códigos universais, assim a lei estaria condicionada aos diferentes estágios de civilização e obedeceria ao estudo das raças existentes no Brasil. Para Schwarcz (2012, p. 24), era como se Nina Rodrigues decretasse que ainda que a liberdade concedida pela Lei Áurea, de 13 de maio de 1888, fosse negra, a igualdade era exclusiva dos brancos.

Em julho de 1911, João Batista Lacerda, então diretor do Museu Nacional do Rio de Janeiro, participou do I Congresso Internacional das Raças, em que apresentou a tese intitulada *Sur les métis au Brésil*[33], na qual declarava: "É lógico supor que, na entrada do novo século, os mestiços terão desaparecido do Brasil, fato que coincidirá com a extinção paralela da raça entre nós" (*apud* Schwarcz, 2012, p. 25).

Anos mais tarde, no I Congresso Brasileiro de Eugenia (1929), o antropólogo Roquete Pinto previa um país cada vez mais branco, no qual em 2012 haveria uma população composta de 80% de brancos e 20% de mestiços; nenhum negro, nenhum indígena (Schwarcz, 2012, p. 26).

No contexto atual, Schwarcz (2012, p. 30) traz um dado interessante, em São Paulo, uma pesquisa feita em 1988 relatou que 97% dos entrevistados afirmavam não ter preconceitos, enquanto 98% dos mesmos entrevistados disseram conhecer outras pessoas que tinham preconceito. Em 1995, o jornal *A Folha de São Paulo* divulgou outra pesquisa na qual 89% dos brasileiros diziam haver preconceito de cor no Brasil, porém somente 10% admitiam tê-lo.

Lilia Schwarcz explicita:

> Se no exterior *made in Brazil* é sinônimo da reprodução de nossos exóticos produtos culturais mestiços, dentro do país o tema é quase um tabu. A não ser de maneira jocosa ou mais descompromissada, até bem pouco tempo, quase não se tratava da questão: livros não despertam interesse, filmes ou exposições passam quase despercebidos. A situa-

---

[33] *Sobre os mestiços do Brasil*; tradução livre da autora.

> ção aparece de forma estabilizada e naturalizada, como se as posições sociais desiguais fossem quase um desígnio da natureza, e atitudes racistas, minoritárias e excepcionais: na ausência de uma política discriminatória oficial, estamos envoltos no país de uma boa consciência, que nega o preconceito ou o reconhece como mais brando. Afirma-se de modo genérico e sem questionamento uma certa harmonia racial e joga-se para o plano pessoal os possíveis conflitos. Essa é sem dúvida uma maneira problemática de lidar com o tema: ora ele se torna inexistente, ora aparece na roupa de outro alguém (Schwarcz, 2012, p. 30).

Portanto, se de um lado o racismo aparece como um fenômeno social fundamentado na biologia, como visto em Nina Rodrigues; de outro lado a mestiçagem e o processo de branqueamento da população fazem surgir um racismo típico do Brasil que admite o preconceito apenas nas relações privadas e difunde a universalidade das leis, que acaba por impor a desigualdade nas condições de vida, mas é interiorizado no plano da cultura. Essa é uma das razões pelas quais a cidadania é defendida com base na garantia de direitos formais, contudo são ignoradas as limitações estabelecidas pela pobreza, pela violência e pelas diferenças socioeconômicas (Schwarcz, 2012, p. 34-36).

4.4 Contra a perfeição

As concepções eugênicas parecem muito mais arraigadas ao comportamento da sociedade atual do que se imagina, tanto que a eugenia aparece nos escritos de Foucault como um dos desdobramentos do controle sobre o corpo na Biopolítica. Considerando as possibilidades atuais trazidas pela Biotecnologia, vislumbramos a possibilidade do "melhoramento" dos seres humanos se utilizando dos conhecimentos da engenharia genética. Tanto é assim que Michael Sandel (2013, p. 64) aborda o assunto do aperfeiçoamento dos filhos por parte dos pais revelando que os defensores desse melhoramento acreditam não haver diferença entre aprimorar as crianças pela educação ou pela manipulação de sua carga genética.

Posteriormente, Sandel (2013, p. 67) critica a ideologia do desempenho, característica primordial do capitalismo, que aparece como um dos pontos-chave da tecnologia do poder disciplinar abordada por Foucault. Assim, Sandel traz dados alarmantes:

Psicólogos especializados em educação relatam que cada vez mais pais os procuram querendo que seu filho, aluno do ensino médio, seja diagnosticado com alguma deficiência de aprendizagem apenas para ter direito a mais tempo para responder ao exame (de admissão à universidade). Essa compra de diagnósticos aparentemente foi desencadeada pela declaração em 2002 do *College Board* (entidade responsável por exames de admissão nos Estados Unidos) de que não mais colocaria um asterisco ao lado da pontuação dos alunos que receberam mais tempo para responder ao exame por ter alguma deficiência de aprendizagem. Os pais pagam aos psicólogos até US$ 2,4 mil por uma avaliação e US$ 250 por hora de serviço para que eles testemunhem em favor do aluno diante da escola ou do *Educational Testing Service*, que elabora o exame de admissão à universidade. Se um psicólogo se recusar a fornecer o diagnóstico desejado, eles procuram outro (Sandel, 2013, p. 67-68).

Nos Estados Unidos, a corrida pelas melhores vagas começa desde a educação pré-escolar, em que as escolas mais concorridas só aceitam os estudantes por meio de cartas de recomendação ou de testes para aferir sua inteligência e desenvolvimento. Sendo assim, há pais que fazem seus filhos de apenas 4 anos passarem por treinamentos específicos. Com o aumento dos testes no ensino fundamental, distritos escolares passaram a exigir mais do currículo dos jardins de infância, nos quais leitura, matemática e ciência substituíram as aulas de arte, o recreio e a hora da soneca. A quantidade de dever de casa para as crianças triplicou.

Ao passo que a pressão pelo desempenho cresceu, era preciso que as crianças estivessem concentradas e focadas nas tarefas, o que pode ter provocado a explosão dos números de diagnósticos de transtorno do déficit de atenção e hiperatividade (TDAH).

O doutor Lawrence Diller, pediatra e autor de *Running on Ritalin* (À base de ritalina), estima que de 5% a 6% das crianças americanas com menos de 18 anos (entre 4 e 5 milhões de jovens) são atualmente medicadas com ritalina e outros estimulantes para tratar o TDAH. Ao longo dos últimos 15 anos, a produção legal de ritalina aumentou 1.700%, e a produção da anfetamina Adderall, também usada para tratar o TDAH, aumentou 3.000%. Para as empresas farmacêuticas, o mercado americano da ritalina e de outros medicamentos relacionados é uma mina de ouro: rende US$ 1 bilhão por ano (Sandel, 2013, p. 71).

Jovens candidatos às vagas nas universidades e os próprios universitários descobriram que os psicoestimulantes também apuram a concentração de pessoas saudáveis, o que faz com que se utilizem da Ritalina para melhorar o seu desempenho nas provas. O pior é o fato de o uso da Ritalina em crianças de 2 a 4 anos ter triplicado de 1991 a 1995, ainda que o medicamento não seja aprovado para crianças menores de 6 anos (Sandel, 2013, p. 71-72).

Sandel (2013, p. 72) chama a atenção para o fato de, ao contrário das drogas das décadas de 1960 e 1970, a Ritalina e o Adderall não são usados para fins recreativos e sim para se adequar a uma demanda competitiva da sociedade para aprimorar o desempenho, o que caracteriza a Biopolítica problematizada por Foucault. A ideologia do desempenho é fruto do controle do corpo e do seu melhoramento para tornar os seres humanos mais eficazes e produtivos para o sistema capitalista.

4.4.1 Engenharia genética

Seguindo na mesma linha, nos dias atuais, é possível imaginar o que cientistas imbuídos de concepções eugênicas poderiam fazer se utilizando da manipulação genética. Contudo, as instituições ligadas à medicina, como conselhos de classe e Universidades, têm se posicionado de maneira firme proibindo condutas – envolvendo pesquisas com seres humanos e até mesmo a reprodução humana assistida – que tenham qualquer característica eugênica.

Para se compreender melhor a engenharia genética, são expostos alguns conceitos sobre o assunto. Com isso, segundo Suzuki e Knudtson (1991 *apud* Diniz, 2014, p. 558), a engenharia genética "consiste no emprego de técnicas científicas dirigidas à modificação da constituição genética de células e organismos, mediante manipulação de genes". E de acordo com Maria Helena Diniz (2014, p. 558), a engenharia genética:

> Constitui um ramo da ciência genética que utiliza procedimentos técnicos idôneos para a transferência de certas informações genéticas para as células de um organismo. Tais informações advêm de fonte diversa da carga genética da célula onde foram introduzidas e são responsáveis pelas novas características nesta ou no indivíduo receptor. Esse conjunto de informações contidas nos cromossomos de uma célula denomina-se genoma, e o DNA (ácido desoxir-

ribonucleico) é o portador da mensagem genética, podendo ser imaginado como uma longa fita onde estão escritas, em letras químicas, os caracteres de cada ser humano, sendo, por isso, sua imagem científica.

A engenharia genética propiciou aquilo que ficou conhecido como Projeto Genoma, que tinha por objetivo o conhecimento de todo o código genético humano e suas respectivas alterações, que são responsáveis pelo aparecimento de mais de 4 mil moléstias hereditárias. Sob esse aspecto, a engenharia genética representou um avanço muito importante. Contudo, o grande problema era que, no que tange a uma concepção de hereditariedade, ainda insipiente, na primeira metade do século XX, serviu para dar conteúdo a leis que obrigavam a esterilização de pessoas que apresentavam problemas mentais ou condenados por crimes. O objetivo era fazer com que essas pessoas não pudessem ter filhos, pois seus genes deletérios iriam ser transmitidos para sua prole que também nasceria com deficiências mentais e com tendências ao crime. O fim eugênico prevalecia.

Maria Helena Diniz (2014, p. 187) aponta os tipos de esterilização humana existentes, quais sejam, a eugênica, terapêutica, cosmetológica, por motivo econômico-social ou para limitação da natalidade.

a) Esterilização eugênica: é aquela feita para impedir a transmissão de moléstias hereditárias, evitando prole inválida ou inútil, e com o fim de prevenir a reincidência de delinquentes portadores de desvio sexual. Justamente, a que foi abordada supra.

b) Esterilização terapêutica: juridicamente aceita, é aquela que se opera para evitar que uma mulher que tenha uma doença prévia venha a engravidar e corra risco de vida em função da doença, como, por exemplo, mulheres que apresentem cardiopatia, câncer, diabete, tuberculose severa, surto mental ligado ao puerpério etc.

c) Esterilização cosmetológica: nesse caso o objetivo é evitar a gravidez para atender a alguma finalidade estética, para que não haja alterações corporais com uma gravidez, esta não encontra amparo legal.

d) Esterilização por motivo econômico-social: é a que ocorre para atender a razões econômicas ou justificar condição social, também não encontra respaldo jurídico.

e) Esterilização voluntária para fins de planejamento familiar: é permitida no Brasil e a Lei n.º 9.263/96 (com alterações da Lei n.º 14.443/2022) e a Portaria n.º 48/99 da Secretaria de Assistência à Saúde tratam do assunto e estabelecem os critérios a serem seguidos para a sua realização.

A Lei n.º 14.443/2022 entrou em vigor em 2023, e reduziu a idade mínima de 25 para 21 anos, para a esterilização voluntária de homens e mulheres. Bem como acabou com a obrigatoriedade do aval do cônjuge para os procedimentos de laqueadura e vasectomia, considerando que se observe o prazo máximo de 60 dias entre a manifestação da vontade e o ato cirúrgico. Interessante notar que a legislação se preocupa em estabelecer esse prazo dito com o objetivo de desencorajar a esterilização precoce, tanto é assim que durante o período dos 60 dias deve ser propiciado à pessoa interessada o acesso ao que é chamado de "serviço de regulação da fecundidade" (Diniz, 2014, p. 192), o qual inclui aconselhamento por equipe multidisciplinar.

Além disso, as secretarias estaduais e municipais de saúde deverão credenciar hospitais para a realização de laqueadura tubária e vasectomia ou outros métodos que sejam cientificamente aceitos, de modo que ficam proibidas a histerectomia e a ooforectomia. Assim, mesmo que haja a anuência expressa, a esterilização voluntária, para fins de planejamento familiar, não pode ocorrer pelo emprego de métodos que violem a dignidade humana, causando algum tipo de mutilação, como cirurgia ablativa das gônodas ou amputações imotivadas.

Com o passar dos anos, essas leis com caráter compulsivo foram revogadas. Entretanto, o problema da eugenia parece bastante presente, pois a engenharia genética tornou-se uma grande promessa no sentido de evitar que crianças nasçam com certas doenças hereditárias por meio da manipulação gênica, via reprodução humana assistida, o que na verdade já vem ocorrendo. O problema está no que os cientistas defendem como o melhoramento do ser humano e a possibilidade de alterações, que busca construir verdadeiros super-humanos ou crianças projetadas.

> Tais técnicas de engenharia genética permitem identificar pessoas portadoras de genes patológicos e retirar genes defeituosos para serem reparados e reinjetados no organismo, possibilitando a correção do mal pela substituição do gene avariado por outro normal, impedindo-se que aquele seja transmitido aos filhos, através da pesquisa, por exemplo, de embriões para detectar doenças antes do nascimento, dando origem à terapia gênica ou geneterapia. Luta-se contra as anomalias congênitas, mas não se devem marginalizar deficientes com o único escopo de melhorar a espécie humana (Diniz, 2014, p. 559).

É possível destacar as palavras: "normal" e "anomalias", do trecho supra, como parte de uma sociedade Biopolítica e de uma medicina normalizadora. Existe uma perfeição genética? O que seria um gene normal? Além disso, Maria Helena Diniz (2014, p. 559-560) ainda traz uma possibilidade perturbadora:

> Como se pode ver, a engenharia genética aponta para a possibilidade de interferência precoce não somente na terapia de alterações patológicas detectadas tecnicamente, mas também em caracteres da personalidade e no comportamento do ser humano, pois o genoma humano mapeado fornecerá à medicina informações sobre a maneira de funcionamento do corpo humano, dando condições para a criação de remédios melhores, para o emprego da terapia gênica, injetando-se, por exemplo, gene que mataria câncer de próstata, e para o uso de conhecimento dos genes antes do nascimento, com a introdução, nas clínicas de fertilização assistida, de cromossomo humano artificial, que levará consigo genes escolhidos no óvulo fertilizado, antes de colocar o embrião no útero.

Nesse caso, quando aponto algo perturbador, é quanto à possível interferência, pela medicina genética, no comportamento humano, não sobre a cura do câncer, pois isso seria um grande feito para a humanidade, obviamente.

4.4.2 Biodireito como Direito normalizador

Em um momento de seu livro, *Michel Foucault e o Direito*, Márcio Alves da Fonseca (2012, p. 151) propõe analisar a imagem do Direito sob a perspectiva de mecanismos de normalização, ou seja, um direito normalizado-normalizador. Com isso, o autor revela que a primeira forma de normalização que Foucault estuda é a disciplina, sendo que esta deve ser entendida como uma tecnologia de poder.

O tema da disciplina surge no trabalho de Foucault entre *A ordem do discurso* e *Vigiar e punir*, mais precisamente, segundo Fonseca (2012, p. 153), nos três primeiros cursos do *Collège de France: Leçons sur la volontè de savoir* (1971), *Théories et instituitions pénales* (1972) e *La société punitive* (1973); além das conferências proferidas no Brasil intituladas *As verdades e as formas jurídicas* (1973).

Sobre o texto *A ordem do discurso*, Fonseca (2012, p. 154) esclarece:

Vimos que em A ordem do discurso, além de sintetizar os principais procedimentos pelos quais os discursos são produzidos e controlados, Foucault aponta para o procedimento genealógico de análise dos saberes que seus trabalhos futuros deveriam seguir. Com a genealogia, buscar-se-ia restituir os discursos em sua existência própria, enquanto "acontecimentos", ou seja, pesquisar as condições reais de seu aparecimento, sempre determinado no interior de tramas e lutas de poder. Pensar o discurso como "acontecimento" não seria buscar a origem, o sentido, a verdade, mas antes perceber que na raiz de todo saber e de todas as práticas estaria o confronto, estariam as lutas e as relações de força. O "acontecimento", em que se constituem os discursos, seria o resultado de conformações de poder que, ao atravessar os outros discursos e práticas que lhes são contemporâneos, colocá-los-ia em relação, geraria efeitos, permitiria que outras práticas discursivas se formassem.

Interessante anotar aqui a conceituação de Foucault (2008j, p. 7) sobre a genealogia, em *Microfísica do Poder*:

> Queria ver como estes problemas de constituição podiam ser resolvidos no interior de uma trama histórica, em vez de remetê-los a um sujeito constituinte. É preciso se livrar do sujeito constituinte, livrar-se do próprio sujeito, isto é, chegar a uma análise que possa dar conta da constituição do sujeito na trama histórica. É isto que eu chamaria de genealogia, isto é, uma forma de história que dê conta da constituição dos saberes, dos discursos, dos domínios de objeto, etc., sem ter que se referir a um sujeito, seja ele transcendente com relação ao campo de acontecimentos, seja perseguindo sua identidade vazia ao longo da história.

E continua, dessa vez trazendo Nietzsche (Foucault, 2008d, p. 17-18):

> Por que Nietzsche genealogista recusa, pelo menos em certas ocasiões, a pesquisa da origem (Ursprung)? Porque, primeiramente, a pesquisa, nesse sentido, se esforça para recolher nela a essência exata da coisa, sua mais pura possibilidade, sua identidade cuidadosamente recolhida em si mesma, sua forma imóvel e anterior a tudo o que é externo, acidental, sucessivo. Procurar uma tal origem é tentar reencontrar "o que era imediatamente", o "aquilo mesmo" de uma imagem exatamente adequada a si; é tomar por acidental todas as peripécias que puderam ter acontecido, todas as astúcias, todos os disfarces; é querer tirar todas as máscaras para des-

velar enfim uma identidade primeira. Ora, se o genealogista tem o cuidado de escutar a história em vez de acreditar na metafísica, o que é que ele aprende? Que atrás das coisas há "algo inteiramente diferente": não seu segredo essencial e sem data, mas o segredo que elas são sem essência, ou que sua essência foi construída peça por peça a partir de figuras que lhe eram estranhas. A razão? Mas ela nasceu de uma maneira inteiramente "desrazoável"- do acaso. A dedicação à verdade e ao rigor dos métodos científicos? Da paixão dos cientistas, de seu ódio recíproco, de suas discussões fanáticas e sempre retomadas, da necessidade de suprimir a paixão – armas lentamente forjadas ao longo das lutas pessoais. E a liberdade, seria ela, na raiz do homem o que o liga ao ser e à verdade? De fato, ela é apenas uma invenção das classes dominantes. O que se encontra no começo histórico das coisas não é a identidade ainda preservada da origem – é a discórdia entre as coisas, é o disparate.

Nesse sentido, o que se percebe é que o procedimento da genealogia não visa desvendar uma origem pura que algo a ser pesquisado teria, como o discurso, por exemplo, como se o tempo fosse capaz de corromper a essência das coisas. A genealogia busca analisar sob a perspectiva do real o surgimento do que se pesquisa, considerando que qualquer saber surge a partir de uma relação de forças, e não de maneira romântica e pura.

Desse modo, após *A ordem do discurso*, os primeiros cursos que se seguiram no Collège de France trataram das relações entre verdade e poder. Assim, para Fonseca (2012, p. 155): "pode-se dizer que a genealogia será a análise de uma política da verdade". É na Grécia arcaica (X a VII a.C.) que Foucault vai estudar no discurso e nas práticas judiciárias a verdade a partir de um "sistema de provas". Já no período da Grécia Clássica (VI a.C.), foi em Édipo-rei, de Sófocles, que se percebeu a mudança no sistema de produção da verdade, que passa a exigir o testemunho. Sobre a peça, Fonseca (2012, p. 162) assim se pronuncia:

> Foucault procura mostrar que a tragédia de Édipo seria representativa de um tipo de relação entre saber e poder de que nossa civilização ainda não teria se libertado. A peça explicita uma forma de pesquisa pela verdade, a forma do inquérito, que em substituição às formas de estabelecimento da verdade anteriores, representadas pelo sistema das "provas" (Grécia Arcaica), estariam fundadas no aparecimento da figura do testemunho, daquele que tendo presenciado os fatos os atualizaria no interior do jogo de estabelecimento

> da verdade por meio de suas declarações. Seguindo uma "lei das metades" – a sucessão de justaposições entre informações que se completam duas a duas -, a verdade seria estabelecida. Tal estabelecimento, entretanto, não pode ser separado das lutas pela manutenção do poder de Édipo.

A peça foi usada por Foucault para que fosse explicitada a simbologia do mito que ela representa, que estaria presente em nossa sociedade até hoje, o mito de que saber e poder são desassociados, e de que é possível um saber purificado das tramas do poder. Entretanto, mesmo diante das duas formas de verdade (a verdade arcaica e a verdade clássica), Fonseca (2012, p. 156) entende que:

> Persiste a tese de que não há discurso judiciário sem que nele esteja implicado algo como a verdade, e mais, a tese de que, quando o discurso judiciário faz apelo à verdade, não o faz no sentido de constatar algo que lhe seria exterior, ou seja, o discurso judiciário não se ordenaria primariamente a uma verdade que lhe seria anterior, mas sempre a uma verdade estabelecida segundo as regras e as formas que seriam interiores ao próprio discurso judiciário.

Ora, parece que a verdade não seria algo a ser descoberto. Fonseca (2012, p. 156) entende que: "saber e poder não se encontram dissociados, e a verdade seria uma função no interior de seu jogo". É aqui que o procedimento da genealogia passa a fazer sentido, pois busca a constituição de um saber a partir do entendimento do seu acontecimento e não de uma pureza de surgimento, ou seja, o saber jurídico, o discurso jurídico não está dissociado do poder. Com isso, a Bioética, enquanto saber, não está apartada do poder, bem como o Biodireito, enquanto saber jurídico, não está separado do poder, e no meio desses discursos a verdade não será revelada, pelo contrário, ela atua como uma peça dentro desse jogo de poder.

Como mencionado supra, que a primeira forma de normalização estudada por Foucault é a disciplina, passa-se então a analisar o que Foucault chama de sociedade disciplinar. Segundo Fonseca (2012, p. 163), a sociedade disciplinar de Foucault:

> É o nome que pode ser dado às sociedades ocidentais modernas (séculos XIX e XX). Elas se caracterizam pela formação de uma rede de instituições no interior das quais os indivíduos são submetidos a um sistema de controle permanente. Esse tipo de sociedade é que irá permitir a fixação dos indivíduos

aos aparelhos produtivos em funcionamento num modo de produção capitalista.

Assim, pode-se perguntar: qual o papel do direito no interior da sociedade disciplinar? E mais, pergunta-se, ainda: qual o papel da Bioética e do Biodireito na sociedade de controle disciplinar? A instituição jurídica visa controlar a sociedade e manter a produção. O braço jurídico do Biodireito pretende controlar o quê? Posto que sua função é proteger a vida, ou pelo menos se propõe a isso, ou será que o objetivo do Biodireito seria, sob essa perspectiva de manter a produção, criar regras que propiciem ao cientista realizar suas pesquisas e desenvolver a Biotecnologia sem maiores entraves éticos?

Foucault explicita que na sociedade disciplinar capitalista há três funções desempenhadas pelas instituições disciplinares, as quais ele chama de funções de sequestro, que seriam as seguintes:

a) Ajustamento do tempo da vida dos indivíduos ao tempo da produção – essa primeira função de sequestro visa tomar todo o tempo do trabalhador, ela se caracteriza pelo fato de ocupar o tempo do indivíduo de forma total, ou seja, quando a pessoa não está no horário de trabalho, que já a ocupa bastante, ela deve estar em outra ocupação, como as atividades de lazer, por exemplo. Atividades que sempre propiciam o consumo;

b) Plurifuncionalidade das instituições disciplinares – ainda que as instituições pareçam desempenhar apenas uma função, no fundo, elas têm o papel de direta ou indiretamente controlar toda a existência. Assim, a função da escola não seria apenas instruir, nem da prisão ressocializar e da usina produzir.

c) Instância de julgamento – aqui, a função é a apreciação, a punição e a concessão de recompensas. Ao contrário do que se imagina, a instituição jurídica não visa a distribuição da justiça, mas efetivar "o controle total da existência e do tempo dos indivíduos" (Fonseca, 2012, p. 164). Além disso, a instância de julgamento "incluirá também a formação de uma discursividade, de um sistema de notações e contabilidade sobre as individualidades inseridas nesses espaços" (Fonseca, 2012, p. 164).

Como já exposto, Aldous Huxley fala de um *Admirável mundo novo*, em que, por meio das técnicas de reprodução humana assistida (Processo Bokanovsky), bem como da clonagem humana, seria possível produzir em laboratório, seres humanos que, manipulados desde o processo embrionário, fariam parte de castas pré-definidas na sociedade. Todos eram controlados por uma entidade equivalente ao Estado. Nessa utopia não existia autonomia dos indivíduos, para os momentos de tristeza havia o "soma", que era um medicamento capaz de devolver a alegria, as mulheres não engravidavam e todas eram controladas por doses mensais de anticoncepcionais. As pessoas não se uniam afetivamente, era proibido formar relacionamentos duráveis, a sexualidade sem limites era estimulada desde o período infantil e não havia famílias, os bebês eram totalmente produzidos em laboratório, sem a necessidade de úteros e quando nasciam, o Governo cuidava deles.

Além disso, a entidade que controlava a população forçava o consumo a todo instante, livros e flores eram proibidos, porque as pessoas não podiam refletir sobre a realidade em volta. As flores aproximam os indivíduos da natureza, e a natureza não é um bem consumível, o que não era interessante para a entidade controladora, as pessoas deveriam consumir incessantemente, com isso, eram estimulados a atividades de lazer que propiciassem o consumo, como esportes em que se usavam aparelhos e utensílios a serem comprados. Aqui vale a citação introdutória que Huxley (2003) faz de Nicolas Berdiaeff:

> Les utopies apparaissent comme bien plus réalisables qu'on ne le croyait autrefois. Et nous nous trouvons actuellement devant une questions bien autrement agoissante: Comment éviter leur réalisation définitive? ... Les utopies sont réalisables. La vie marche vers les utopies. Et peut-être un siècle nouveau commence-t-il, un siècle où les intellectuels et la classe cultivée rêveront aux moyens d'éviter les utopies et de retourner à une société non utopique, moins 'parfaite' et plus libre[34].

Seria possível então evitar as utopias? O que me parece é que já vivemos o *Admirável mundo novo*, já estamos inseridos nessa utopia, algo para o que Foucault nos abre os olhos, a sociedade disciplinar e suas formas de controle total da existência. Ainda com relação às instituições na sociedade disciplinar, Fonseca (2012, p. 165-166) revela que:

> Relativamente às práticas jurídicas, a forma coextensiva à sociedade disciplinar, e que servirá de modelo para a análise

---

[34] "As utopias parecem muito mais realizáveis do que acreditávamos anteriormente. E nós nos encontramos, atualmente, frente a uma questão senão mais assustadora: como evitar sua realização definitiva?... As utopias são realizáveis. A vida marcha em direção às utopias. E pode ser que um novo século comece, um século no qual os intelectuais e a classe culta sonharão com os meios de evitar as utopias e de voltar a uma sociedade não utópica, menos perfeita e mais livre"; tradução livre da autora.

dos mecanismos e instrumentos da disciplina, é a forma da prisão. Efetivamente, o aprisionamento, a reclusão, que aparecem no início do século XIX, terão por função fixar os indivíduos. Enquanto forma punitiva maior das sociedades contemporâneas, a prisão tem a mesma finalidade que diversas outras instituições modernas: fixar os indivíduos em um aparelho de normalização das condutas. Todas essas instituições não têm por finalidade primeira "excluir", mas fixar os indivíduos. A fábrica não os exclui, mas os vincula a um aparelho de produção. A escola não os exclui, mas os fixa em um aparelho de transmissão do saber. O hospital psiquiátrico não os exclui, mas os liga a um aparelho de correção. E a prisão, para Foucault, é uma forma concentrada, exemplar, simbólica de todas as instituições de sequestro criadas no século XIX.

A partir do século XVIII, aparece uma nova forma de acumulação do sistema capitalista que é chamada por Foucault de materialidade da riqueza. Nesse tipo de acúmulo, a riqueza passa a ser representada pelas mercadorias, pelos estoques, pelas máquinas, oficinas e matérias-primas, logo, é preciso proteger esses bens da população que não os possui e pode vir a depredá-los. Assim, a sociedade disciplinar surge como consequência do modelo de acumulação de capital que se diferencia do que havia nos séculos anteriores (XVI e XVII), o qual se caracterizava pela posse da terra e de espécies monetárias. Proteger os bens de capital era o que importava a partir do século XVIII, com isso nascem as instituições de controle e manutenção do capital.

Para Fonseca (2012, p. 170), Foucault define a disciplina:

> Como uma anatomia política do detalhe. Anatomia política no sentido em que o corpo é que se constitui no principal alvo de um investimento político realizado por uma série de mecanismos. E tal anatomia política pode ser considerada uma anatomia do detalhe, porque os mecanismos que a compõem têm seu ponto de aplicação nas minúcias e sutilezas da existência física dos indivíduos. O estudo sobre as disciplinas será, segundo Foucault, necessariamente um estudo sobre os corpos investidos capilarmente pelo poder.

Corroborando aquilo que foi dito anteriormente a respeito da Biopolítica como um saber que se desenvolve por meio de tecnologias de poder disciplinar e reguladora, a anatomia política do detalhe explicita o controle exercido sobre os indivíduos, seja no ser humano corpo, seja no ser como espécie. Assim também no que se refere ao poder e ao seu exercício na capilaridade, ou seja, para Foucault o poder está na relação, em que se expressa o controle sobre os corpos dos indivíduos.

Como visto, pelos caminhos que Foucault traça a respeito do direito e do poder, verifica-se, a partir do século XVIII, o surgimento da Biopolítica, que se caracteriza pela estatização do biológico, em que há o controle sobre os corpos dos indivíduos e em que o ser humano passa a ser considerado enquanto espécie.

O controle é exercido por meio de duas formas de tecnologias de poder: disciplinar e de regulação. A disciplinar atua pela definição que se faz do comportamento exemplar a ser seguido, ao passo que a reguladora está relacionada a lidar com as curvas e variações das situações previstas e imprevistas na sociedade como mortes e acidentes, por exemplo, com a criação de instituições de assistência.

Nesse momento, o direito soberano perde lugar para a Biopolítica e a sociedade que fazia morrer e deixava viver, agora faz viver e deixa morrer, a lógica muda e o ser humano passa a ser controlado em seus mínimos detalhes. Mas restava a pergunta: como uma sociedade que faz viver era capaz de matar? A resposta está no racismo biológico, no qual as características genéticas, muito mais do que a cor da pele, define a hierarquia entre os indivíduos.

Esse racismo faz coro com as ideias eugênicas disseminadas no início do século XX e serve de base para o surgimento de uma das sociedades mais Biopolíticas, a sociedade nazista. Ora, aí surge o Biodireito como uma disciplina jurídica que pretende delimitar regras e princípios para atuação dos cientistas nas pesquisas com seres humanos, na relação médico-paciente e em todas as situações limítrofes que envolvam a vida e o direito.

Contudo, Fonseca trata de uma imagem do direito normalizador, para designar um certo conjunto de análises feitas por Foucault, como uma das instâncias de controle da sociedade disciplinar, na qual toda a existência das pessoas é controlada. Nesse sentido, como fica a função do Biodireito? Finalmente, esta foi uma das reflexões propostas neste trabalho, aguçar a análise do discurso jurídico sobre esse ramo do Direito. Além de aprofundar ainda mais a Biopolítica e a visão trazida por Foucault sobre um direito que normaliza, que controla e que, principalmente, serve à sociedade disciplinar para a manutenção do funcionamento do sistema capitalista.

CONCLUSÃO

Diante de tudo que foi estudado até aqui para a análise da proposta levantada nas considerações introdutórias deste livro, que foi a possível contribuição que a problematização de Foucault sobre a Biopolítica poderia dar para aprofundar o debate jurídico que envolve as questões relacionadas ao Biodireito e à Bioética, por meio da investigação da eugenia, cumpre-se, então, apresentar a síntese das principais ideias até então analisadas.

Sendo assim, cabe, primeiramente, compreender a noção de Biopolítica em Michel Foucault. É em *O nascimento da medicina social* que Foucault, pela primeira vez, utiliza o termo "Biopolítica". Nesse momento, apresenta a sua hipótese de que com o capitalismo, desenvolvido em fins do século XVIII e início do século XIX, houve a socialização de um primeiro objeto que foi o corpo enquanto força de produção, força de trabalho.

Assim, o controle da sociedade sobre os indivíduos se iniciaria no corpo, portanto, seria no biológico, no somático, no corporal, que investiu a sociedade capitalista, por isso, o corpo é uma realidade Biopolítica e a medicina uma estratégia de poder que serve à Biopolítica.

Diferentemente do que ocorria na monarquia, em que havia o corpo do rei, no século XIX, o corpo da sociedade se torna o novo princípio. Desse modo, o corpo social passa a ser protegido, tal qual um corpo humano é protegido de doenças. Assim, busca-se a eliminação dos doentes, o controle dos contagiosos, a exclusão dos delinquentes; com a aplicação, inclusive, de métodos de assepsia, como a criminologia, a eugenia e a exclusão dos ditos degenerados.

Em razão disso, houve um investimento do corpo pelo poder, por meio dos treinos físicos, dos exercícios, da musculação, da nudez, da exaltação do corpo belo, perfeito, poder esse exercido sobre o corpo das crianças, dos soldados e sobre o corpo sadio.

Nesse sentido, a medicina funcionaria como um ponto estratégico no controle do corpo. Daí porque Foucault faz uma análise das três etapas na formação da medicina social. Em primeiro lugar, tem-se a medicina de Estado na Alemanha, que desenvolve a chamada polícia médica. Logo em seguida, há a medicina urbana surgida em fins do século XVIII na França, que se caracterizava pelo fenômeno da urbanização. Por último, tem-se a medicina da força de trabalho, que surge na Inglaterra, em que por meio da Lei dos pobres buscava estender um cordão sanitário no interior das cidades que estabelecesse a separação entre ricos e pobres.

A medicina inglesa, dita supra, é essencialmente um controle da saúde e do corpo das classes mais pobres para torná-las mais aptas ao trabalho e menos perigosas às classes mais ricas. Será justamente o sistema da medicina social inglesa que terá mais continuidade, que possibilitará a assistência médica ao pobre, o controle de saúde da força de trabalho e o esquadrinhamento, ou seja, o estudo minucioso com estatísticas e divisão em bairros do quadro geral da saúde pública.

Em *A vontade de saber*, que corresponde ao volume 1 de *A história da sexualidade* (2015, v. 1), Foucault enfatiza o controle do sexo pela medicina, como ponto-chave para os mecanismos e técnicas de controle da sociedade e dos corpos dos indivíduos.

Nas sociedades modernas, o objetivo era reduzir ou excluir as práticas que não tivessem por finalidade a reprodução. Com isso, definiram-se normas do desenvolvimento sexual e foram catalogados todos os possíveis desvios, organizando-se controles pedagógicos e tratamentos médicos para qualquer anormalidade; na hipótese foucaultiana toda essa ordenação e adequação em torno do sexo visava proporcionar uma sexualidade economicamente útil e politicamente conservadora.

No século XIX, surge uma ciência sexual por meio da qual foi dada cientificidade ao saber relacionado ao sexo, chamada sexualidade. Desse modo, a sexualidade foi dominada por processos patológicos, que solicitavam intervenções terapêuticas ou de normalização.

A medicina das perversões e os programas de eugenia foram duas grandes inovações na tecnologia do sexo, que se articulavam pela teoria da degenerescência. Mais que uma teoria, a tríade perversão-hereditariedade-degenerescência, além de constituir a matriz das novas tecnologias do sexo, pautou toda uma prática social sobre o racismo de Estado, em que foram usadas a psiquiatria, a jurisprudência, a medicina legal, as instâncias de controle social e a vigilância das crianças perigosas ou em perigo.

Com isso, a Biopolítica desenvolveu-se a partir do século XVII, caracterizada por dois polos de atuação: de um lado as disciplinas do corpo, que entendiam um corpo como máquina, concentrando-se no adestramento do corpo, na ampliação de suas habilidades, no crescimento de sua utilidade e docilidade, bem como na sua integração em sistemas de controle eficazes e econômicos; de outro lado, a segunda forma principal de poder sobre a vida aplicou-se sobre a figura do corpo-espécie, na qual havia a preocupação com os nascimentos e a mortalidade, o nível de saúde, a longevidade, de modo que se estabelece uma série de intervenções e controles entendidos como reguladores formando uma Biopolítica da população.

A era do Biopoder, portanto, é um período no qual se desenvolvem várias instituições de poder como escolas, casernas, prisões, hospitais, manicômios, famílias, polícia, medicina individual, propiciadoras de técnicas para se obter a sujeição dos corpos e o controle das populações. Esse Biopoder foi de primordial relevância para o desdobramento do capitalismo. Desse modo, Foucault designa a Biopolítica como o que faz com que a vida e seus mecanismos entrem no domínio dos cálculos explícitos, e faz do poder-saber um agente de transformação da vida humana.

Na problematização que Foucault realiza a respeito da Biopolítica, ele explicita que ela se trata da estatização do biológico. Sendo assim, uma das transformações mais significativas do direito político do século XIX foi o surgimento de um direito novo, complementando o velho direito da soberania. Enquanto o velho direito consistia em "fazer morrer e deixar viver", pois, na teoria clássica da soberania, o soberano tem direito de vida e de morte sobre o seu súdito; no direito novo ocorre o inverso, nele é instaurado o direito de "fazer viver e deixar morrer".

Nesse sentido, os primeiros objetos de saber da Biopolítica são um conjunto de processos como a proporção de nascimento e dos óbitos, a taxa de reprodução, a fecundidade de uma população, além do problema da morbidade, principalmente com as endemias. Isso porque uma população doente não produz. A partir de então, surge uma medicina mais preocupada com a higiene pública.

Além disso, no aspecto da tecnologia de poder reguladora, a Biopolítica se preocupa com situações impossíveis de se evitar como os acidentes e o envelhecimento das pessoas. Daí porque a criação de instituições de assistência, bem como seguros, poupança individual e coletiva.

Assim se forma a sociedade normalizadora, a qual é perpassada pelas normas da disciplina e da regulação, em que o poder toma posse da vida, pois foi capaz de cobrir toda a superfície que se estende do orgânico ao biológico, do corpo à população.

Ainda que na era do Biopoder o novo direito consista em "fazer viver e deixar morrer", de forma paradoxal, o Biopoder pode provocar a morte. Nesse caso, a resposta para esse contrassenso é o racismo. Um racismo que fragmenta, que faz um corte entre o que deve viver e o que deve morrer, criando uma hierarquia das raças.

Ademais, corroborando a teoria da degenerescência, a morte do outro, a morte da raça ruim, da raça inferior, ou seja, do degenerado, do anormal, é o que deixará a vida, de uma forma geral, mais sadia e mais pura. Vale ressaltar aqui que o conjunto das noções propaladas na teoria evolucionista de Darwin representa o fundamento teórico do racismo, dando caráter científico e suposta credibilidade ao discurso político.

Portanto, já no século XVIII são introduzidas Biopolíticas pelo policiamento médico e admitidas, no século XIX, pelo darwinismo social, pela teoria eugênica e pelas teorias médico-legais da hereditariedade, da degenerescência e da raça. São essas teorias que servem para elaborar as técnicas de discriminação, de isolamento e de normalização dos indivíduos perigosos.

Na linha do Biopoder, é preciso lembrar que para Foucault poder não é uma substância, algo a ser possuído, tampouco se funda em si mesmo e não se dá a partir de si mesmo. Sendo assim, Foucault investiga as tecnologias de segurança que serviram como manutenção e ampliação das velhas estruturas da lei e da disciplina.

A sociedade liberal se tornou a sociedade do medo, em que se alimenta uma cultura de insegurança. Um dos exemplos que Foucault traz é o caso da varíola, que no século XVIII apresentava muitos surtos epidêmicos. A partir dos estudos estatísticos feitos sobre a doença surgiram as noções de caso, risco, perigo e crise.

A análise das doenças é o que leva à medicina preventiva que se encaixa nessa sociedade liberalista permeada pelo perigo, na qual os indivíduos são condicionados a pensar que suas vidas estão constantemente ameaçadas. Essa é a característica, portanto, do século XIX, marcado pela cultura política do perigo.

No bojo da cultura do medo é que aparece o maior interesse pela literatura policial, o noticiário sobre o crime, as campanhas relativas à doença e à higiene. No campo da sexualidade, o medo da degeneração do indivíduo, da família, da raça e da espécie humana. O medo da degeneração do indivíduo corrobora o regime capitalista, do qual derivam campanhas extensas e intermináveis de higienização.

Em continuação, no modelo neoliberal, a teoria do capital humano, segundo a qual o capital humano é constituído de elementos hereditários e adquiridos, a preocupação em torno da genética que leva os elementos inatos é que possibilita o reconhecimento dos indivíduos de risco. A questão é que o capital se apropria da genética, tornando-a um problema econômico. Dessa forma, na realidade neoliberal o investimento no capital humano é necessário para a formação da competência-máquina. Então, além do interesse da escolha de um parceiro com equipamento genético bom para prover uma prole de qualidade, há também a possibilidade científica de produzir filhos geneticamente melhorados nas clínicas de inseminação artificial.

Nesse diapasão, considerando tudo o que foi escrito, como o objetivo deste trabalho foi o de analisar as possíveis contribuições que a noção de Biopolítica, problematizada em Foucault, possa dar ao Biodireito e à Bioética, é que o livro aborda em dado momento a compreensão sobre esses saberes.

Com isso, no caldeirão cultural dos anos 1960 brota uma série de movimentos sociais de libertação e reconhecimento e de direitos das minorias, seja de mulheres, homossexuais, negros e transexuais; juntamente ao despontar de escândalos no campo científico devido às pesquisas em seres humanos com abusos de grupos vulneráveis.

Esse é o contexto em que surge o saber da Bioética, com a esperança de estabelecer uma ponte entre as humanidades e a ciência, como um código ético de princípios e regras que pudessem proteger o ser humano de avanços desmedidos na área da Biotecnologia.

De dimensão ecológica e de dimensão biomédica, a Bioética se vincula às linhas éticas de fundamentação filosófica ligadas a concepções, predominantemente, utilitaristas ou deontológicas. Contudo, há vários modelos bioéticos aqui apresentados, quais sejam: a) modelo sociobiológico; b) modelo subjetivista ou liberal radical; c) modelo pragmático-utilitarista, deliberativo ou da comunidade de argumentação; d) modelo hipercrítico; e) modelo personalista; e f) modelo principialista.

No campo da ética, a Bioética se encaixa no ramo que é conhecido como ética aplicada ao profissional. Para melhor compreensão é possível distinguir a ética em duas vertentes: de um lado a metaética, a ética normativa e a ética prática ou aplicada; e, de outro, as teorias normativas que podem ser formuladas. Nessa última, aparece a divisão entre teorias éticas teleológicas e teorias éticas deontológicas.

Nas teorias éticas teleológicas aparecem, por exemplo, o egoísmo ético, hedonismo e o utilitarismo, enquanto nas teorias deontológicas têm-se a ética kantiana, a ética dos direitos humanos etc. O que se verifica no Brasil é uma dicotomia entre a visão religiosa, daqueles que se definem como pró-vida, e os que se denominam pró-escolha, que defendem enfoques biologistas e evolucionistas para os problemas Bioéticos.

Desse modo, sob o referencial teórico da Biopolítica, problematizada em Michel Foucault, o que se percebe é que há a prevalência do controle do corpo para a manutenção da produtividade no sistema capitalista.

Quanto aos problemas polêmicos apresentados na sociedade que envolvem os temas do aborto, da eutanásia, da relação médico-paciente e, principalmente, da pesquisa em seres humanos é que a Comissão Nacional para a Proteção dos Seres Humanos em Pesquisa Biomédica e Comportamental, constituída pelo governo dos Estados Unidos, publicou em 1979 o *Belmont Report*, que tinha por objetivo elaborar princípios éticos básicos norteadores da experimentação com seres humanos. Portanto, os princípios básicos referidos pelo *Belmont Report* são quatro: princípio da autonomia, princípio da beneficência, princípio da não maleficência e princípio da justiça.

Além da Bioética, no contexto da quarta dimensão dos direitos fundamentais, surge o Biodireito em resposta às atrocidades ocorridas nos campos de concentração da Alemanha nazista, para a reconstrução do sentido de dignidade humana, o Biodireito também visa à elaboração de um conjunto normativo que regula as relações dos seres humanos frente aos avanços no campo da Biotecnologia.

A Biotecnologia propiciou inovações revolucionárias na medicina e na biologia, possibilitando a reprodução humana assistida, a manipulação do embrião humano, o mapeamento do genoma, a pesquisa com células-tronco, os aparelhos para respiração artificial, os exames detalhados do feto ainda no útero, os transgênicos e a clonagem de animais. Diante dessa tecnologia, o Biodireito atua protegendo a vida e evitando os abusos da ciência com relação aos indivíduos. Da mesma forma que na Bioética, o Biodireito apresenta alguns princípios norteadores, são eles: o princípio da precaução, o da autonomia privada, da responsabilidade e da dignidade da pessoa humana.

Muitas são as críticas, contudo, aos princípios da dignidade humana. Um dos pressupostos desse princípio é o reconhecimento jurídico, político e social de que todos os seres humanos são dignos e merecem respeito. Entretanto, no decorrer do trabalho, verificou-se que Marshall explicita o processo histórico pelo qual a concepção de dignidade precisou de um aprendizado moral e político para que se tornasse hegemônica e possibilitasse a generalização e a expansão das dimensões de igualdade nas esferas civis, políticas e sociais.

Ainda o mesmo autor defende que o discurso da igualdade e o posterior processo de universalização dos direitos só se tornaram possíveis com a passagem, no processo histórico das sociedades modernas ocidentais, do prestígio da estima social fundada na honra para o reconhecimento baseado no desempenho laboral, ou seja, a meritocracia.

Assim, no mundo moderno, a desigualdade seria construída por meio do fundamento da igualdade, pois as desigualdades, antes justificadas pela hierarquia aristocrática, passam a ser justificadas pelas diferenças do desempenho no mercado de trabalho. Nesse sentido, o princípio de igualdade perante a lei legitima, de modo perverso, as desigualdades econômicas, políticas e sociais reguladas pelo mercado. Mercado esse que enforma o Estado, que no regime neoliberal governa para o mercado em vez de governar por causa do mercado.

Finalmente, como o propósito deste trabalho foi o de analisar a possível contribuição na noção de Biopolítica em Michel Foucault para o Biodireito e para a Bioética, utilizando como fio condutor desses três temas o estudo da eugenia e do racismo biológico, é que no último capítulo deste livro se adentrou ao tópico da eugenia.

Entendida como um método de assepsia social, a eugenia significa "bem-nascido", e os que a defendiam acreditavam ser possível produzir uma raça altamente talentosa de seres humanos pela seleção de casais por consecutivas gerações, concepção que faz lembrar a teoria do capital humano referida por Foucault ao abordar o neoliberalismo atual.

A eugenia foi um movimento que teve desdobramentos nos campos científico, social e político. As ideias eugênicas levaram à criação de leis de esterilização compulsória para pacientes mentais, prisioneiros e miseráveis. No Brasil e na América Latina, os eugenistas interessavam-se por parcelas específicas da população humana, que dividiam em raças distintas e desiguais. Dessa forma, grupos que se autoidentificavam como dominantes marcavam outros grupos como inferiores, utilizando-se de um discurso que afirmava as diferenças.

Ainda no Brasil, o movimento eugênico surge em uma realidade na qual uma pequena elite de origem europeia se preocupava com a identidade racial e saúde da nação, o que deu força para a possibilidade do aprimoramento racial e para as concepções defendidas por médicos e reformadores sociais.

Sendo assim, a análise da Biopolítica em Foucault contribui para uma reflexão crítica sobre o Biodireito e a Bioética por uma série de razões. Dentre elas, pode-se destacar a compreensão do Biodireito sobre um outro contexto jurídico, que é o da Biopolítica.

Além disso, o histórico da formação da medicina social mostra o controle e as políticas públicas de saneamento das cidades e de separação entre bairros pobres e ricos, evidenciando o interesse burguês nas ações do Governo.

Ademais, no estudo da Biopolítica é explicitada a sociedade disciplinar e reguladora, em que fica revelado o controle do corpo do indivíduo e do corpo social. A disciplina rege a multiplicidade dos homens e acaba por redundar em corpos individuais que devem ser vigiados, treinados, utilizados e às vezes punidos. Enquanto a regulação é uma tecnologia que se dirige a uma massa global afetada por processos de conjunto como o nascimento, a morte, a produção e as doenças.

Nesse sentido, a proposta do trabalho foi de problematizar o Biodireito e a Bioética, mas principalmente o Biodireito, considerando a problematização da noção de Biopolítica em Michel Foucault, fomentando a reflexão nessa área tão atual e polêmica do direito.

Corroborando a atualidade do Biodireito, em 22 de março de 2018, Samantha Pearson publica no Jornal *The Wall Street Journal* o artigo *Demand for American Sperm Is Skyrocketing in Brazil*[35], no qual denuncia que nos últimos sete anos as importações de sêmen humano dos EUA para o Brasil aumentaram consideravelmente. O que mais chama a atenção é a preferência por doadores brancos e de olhos azuis.

Em 2017, mais de 500 tubos de sêmen estrangeiro congelado em nitrogênio líquido chegaram aos aeroportos do Brasil. No ano de 2011, foram apenas 16 tubos. Para Samantha, a demanda maior por doadores louros e de olhos azuis reflete a preocupação com a raça no Brasil, o que parece confirmar o estudo da eugenia deste trabalho.

---

[35] *Demanda por espermatozoides americanos está em alta no Brasil*; tradução livre da autora.

REFERÊNCIAS

ABBOUD, Georges; CARNIO, Henrique Garbellini; OLIVEIRA, Rafael Tomaz de. **Introdução à teoria e à filosofia do direito**. 2. ed. rev. atual. e ampl. São Paulo: Editora Revista dos Tribunais, 2014.

AGAMBEN, Giorgio. **Homo Sacer**: o poder soberano e a vida nua. v. 1. Belo Horizonte: UFMG, 2002.

ALBUQUERQUE JÚNIOR, Durval Muniz de; VEIGA-NETO, Alfredo; SOUZA FILHO, Alípio (org.). **Cartografias de Foucault**. 2. ed. Belo Horizonte: Autêntica Editora, 2011.

ARAUJO, Ana Laura Vallarelli Gutierres. Biodireito constitucional: uma introdução. *In:* GAMBA, Juliana Caravieri; GARCIA, Maria; MONTAL, Zélia Cardoso (coord.). **Biodireito constitucional**. Rio de Janeiro: Elsevier, 2010.

ARBEX, Daniela. **Holocausto brasileiro**. 3. ed. São Paulo: Geração Editorial, 2013.

BARBOSA, Swedenberger. **Bioética no Estado brasileiro**: situação atual e perspectivas futuras. Brasília: Editora Universidade de Brasília, 2010.

BOBBIO, Norberto. **A era dos direitos**; trad. Carlos Nelson Coutinho. 6. ed. Rio de Janeiro: Elsevier, 2004.

BONAVIDES, Paulo. **Curso de direito constitucional**. 19. ed. São Paulo: Malheiros Editores, 2006.

BRASIL. Constituição (1988). Constituição da República Federativa do Brasil: promulgada em 5 de outubro de 1988: atualizada até a Emenda Constitucional n. 52, de 08-03-2006. 21. **Vade Mecum**. São Paulo: Saraiva, 2006.

CARNIO, Henrique Garbellini; GUERRA FILHO, Willis Santiago. **Teoria política do direito**: a expansão política do direito. 2. ed. rev. atual. e ampl. São Paulo: Editora Revista dos Tribunais, 2013.

CARTA de Theodore Roosevelt a Charles B. Davenport de 3 de janeiro de 1913 *in War against the Weak apud* SANDEL, Michael J. **Contra a perfeição**: ética na era da engenharia genética. Tradução de Ana Carolina Mesquita. Rio de Janeiro: Civilização Brasileira, 2013.

CASTELO BRANCO, Guilherme. **Michel Foucault:** filosofia e Biopolítica. Belo Horizonte: Autêntica Editora, 2015.

CASTELO BRANCO, Guilherme; VEIGA-NETO, Alfredo (org.). **Foucault:** filosofia & política. Belo Horizonte: Autêntica Editora, 2013.

CERQUEIRA, Elizabeth Kipman (org.). **Sexualidade, gênero e desafios bioéticos.** Editora: Difusão, 2011.

CHOMSKY, Noam. **Natureza humana:** justiça vs. poder: o debate entre Chomsky e Foucault; trad. Fernando Santos. São Paulo: Editora WMF Martins Fontes, 2014.

COMPARATO, Fábio Konder. **A afirmação histórica dos direitos humanos.** São Paulo: Saraiva, 2007.

COULOUBARITSIS, Lambros; OST, François (org.). *Antigone et la résistance civile*. Bruxelles: Ousia, 2004.

CUNHA, Euclídes da. **Os sertões.** São Paulo: Abril Cultural, 1982.

DALL'AGNOL, Darlei. **Bioética:** princípios morais e aplicações. Rio de Janeiro: DP&A, 2004.

DARWICH, Ana. A quem é devido o *devido processo legal?* – Entre a igualdade jurídica e o reconhecimento político e social dos sujeitos de direito. *In:* DIAS, Jean Carlos; KLAUTAU FILHO, Paulo (coord.). **O devido processo legal.** Rio de Janeiro: Forense; São Paulo: MÉTODO; Belém, PA: CESUPA, 2010. p. 17-37.

DIAS, Jean Carlos; KLAUTAU FILHO, Paulo (coord.). **O devido processo legal**. Rio de Janeiro: Forense; São Paulo: MÉTODO; Belém, PA: CESUPA, 2010.

DINIZ, Maria Helena. **O estado atual do biodireito**. 9. ed. São Paulo: 2014.

DIP, Ricardo Henry Marques; PENTEADO, Jaques de Camargo (org.). **A vida dos direitos humanos**: bioética médica e jurídica. Porto Alegre: Sergio Antonio Fabris Editor, 1999.

INFOPÉDIA. Disponível em: https://www.infopedia.pt/dicionarios/lingua-portuguesa/cave. Acesso em: 7 out. 2016.

FABRIZ, Daury Cesar. **Bioética e direitos fundamentais:** a bioconstituição como paradigma ao biodireito. Belo Horizonte: Mandamentos, 2003.

FONSECA, Márcio Alves da. **Michel Foucault e a constituição do sujeito.** 3. ed. São Paulo: EDUC, 2011.

FONSECA, Márcio Alves da. **Michel Foucault e o direito**. 2. ed. São Paulo: Saraiva, 2012.

FOUCAULT, Michel. **A ordem do discurso**: aula inaugural no Collège de France, pronunciada em 2 de dezembro de 1970. Tradução de Laura Fraga de Almeida Sampaio. 23. ed. São Paulo: Edições Loyola, 2013a.

FOUCAULT, Michel. **A verdade e as formas jurídicas**. Tradução de Eduardo Jardim e Roberto Machado. Rio de Janeiro: Nau, 2013b.

FOUCAULT, Michel. **Crescer e multiplicar**. Ditos e escritos: arqueologia das ciências e história dos sistemas de pensamento. Tradução de Elisa Monteiro. 3. ed. v. 2. Rio de Janeiro: Forense Universitária, [1970] 2013c.

FOUCAULT, Michel. **Ditos e escritos**: arqueologia das ciências e história dos sistemas de pensamento. Tradução de Elisa Monteiro. 3. ed. v. 2. Rio de Janeiro: Forense Universitária, 2013d.

FOUCAULT, Michel. **Do governo dos vivos**: curso no Collège de France (1979-1980); 2. ed. São Paulo: Centro de Cultura Social; Rio de Janeiro: Achiamé, 2011.

FOUCAULT, Michel. **Em defesa da sociedade**: curso no Collège de France (1975-1976). Tradução de Maria Emantina Galvão. 2. ed. São Paulo: Editora WMF Martins Fontes, 2010a.

FOUCAULT, Michel. **Il faut défendre la société**: cours au Collège de France (1976). Seuil/Gallimard: 1997.

FOUCAULT, Michel. **História da sexualidade, v. 1**: a vontade de saber. Tradução de Maria Thereza da Costa Albuquerque e J. A. Guilhon Albuquerque. 3. ed. São Paulo: Paz e Terra, 2015.

FOUCAULT, Michel. **Microfísica do poder**. Tradução de Roberto Machado. 25. ed. Rio de Janeiro: Edições Graal, 2008a.

FOUCAULT, Michel. **Nascimento da Biopolítica**: curso dado no Collège de France (1978-1979). Tradução de Eduardo Brandão; rev. trad. Claudia Berliner. São Paulo: Martins Fontes, 2008b.

FOUCAULT, Michel. **Naissance de la biopolitique**: cours au Collège de France (1978-1979). Seuil: Gallimard, 2004a.

FOUCAULT, Michel. **Não ao sexo rei**. Microfísica do poder. Tradução de Roberto Machado. 25. ed. Rio de Janeiro: Edições Graal, 2008c.

FOUCAULT, Michel. **Nietzsche, a genealogia e a história**. Microfísica do poder. Tradução de Roberto Machado. 25. ed. Rio de Janeiro: Edições Graal, 2008d.

FOUCAULT, Michel. **O nascimento da medicina social**. Microfísica do poder. Tradução de Roberto Machado. 25. ed. Rio de Janeiro: Edições Graal, 2008e.

FOUCAULT, Michel. **O nascimento do hospital**. Microfísica do poder. Tradução de Roberto Machado. 25. ed. Rio de Janeiro: Edições Graal, 2008f.

FOUCAULT, Michel. **Os anormais**: curso no Collège de France (1974-1975). Tradução de Eduardo Brandão. São Paulo: Editora WMF Martins Fontes, 2010b.

FOUCAULT, Michel. **O que são as luzes?** Ditos e escritos: arqueologia das ciências e história dos sistemas de pensamento. Tradução de Elisa Monteiro. 3. ed. v. 2. Rio de Janeiro: Forense Universitária, [1984] 2013e.

FOUCAULT, Michel. **Poder – corpo**. Microfísica do poder. Tradução de Roberto Machado. 25. ed. Rio de Janeiro: Edições Graal, 2008g.

FOUCAULT, Michel. **Segurança, território, população**: curso dado no Collège de France (1977-1978). Tradução de Eduardo Brandão; rev. trad. Claudia Berliner. São Paulo: Martins Fontes, 2008h.

FOUCAULT, Michel. **Securité, territoire, population**: cours au Collège de France (1977-1978). Seuil: Gallimard, 2004b.

FOUCAULT, Michel. **Sobre a história da sexualidade.** Microfísica do poder. Tradução de Roberto Machado. 25. ed. Rio de Janeiro: Edições Graal, 2008i.

FOUCAULT, Michel. **Verdade e poder.** Microfísica do poder. Tradução de Roberto Machado. 25. ed. Rio de Janeiro: Edições Graal, 2008j.

FOUCAULT, Michel. **Vigiar e punir**: nascimento da prisão. Tradução de Raquel Ramalhete. 42. ed. Petrópolis, RJ: Vozes, 2014.

FREITAS, Patrícia Marques. **Os fetos anencéfalos e a Constituição Federal**. São Paulo: Ícone, 2011.

GAMBA, Juliana Caravieri; GARCIA, Maria; MONTAL, Zélia Cardoso (coord.). **Biodireito constitucional**. Rio de Janeiro: Elsevier, 2010.

GÊNESIS. **Bíblia sagrada**.

GUERRA FILHO, Willis Santiago. **Teoria da ciência jurídica**. Colaborador Henrique Gaberllini Carnio. 2. ed. São Paulo: Saraiva, 2009.

HUXLEY, Aldous. **Admirável mundo novo**. Tradução de Lino Vallandro e Vidal Serrano. São Paulo: Globo, 2003.

JONAS, Hans. **O princípio responsabilidade**: ensaio de uma ética para a civilização tecnológica. Tradução de LISBOA, Marijane; MONTES, Luiz Barros. Rio de Janeiro: Contraponto: Ed. PUC-Rio, 2006.

JONAS, Hans. **Técnica, medicina e ética**: sobre a prática do princípio responsabilidade. Tradução do Grupo de Trabalho Hans Jonas da ANPOFJ. São Paulo: Paulus, 2013. Coleção Ethos. Título original: Technik, Medizin und Ethik: Zur Praxis des Prinzips Verantwortung.

KANT, Immanuel. **Fundamentação da metafísica dos costumes**. Lisboa: Edições 70, 2007.

KRAEMER, Celso. Ética e liberdade em Michel Foucault: uma leitura de Kant. São Paulo: EDUC: FAPESP, 2011.

LEAL, Ana Christina Darwich Borges; DIAS, Bárbara Lou da Costa Veloso; VERBICARO, Loiane Prado. **Normalização, poder e direito**. Salvador: JusPodivm, 2017.

LEITE, George Salomão; SCARLET. Ingo Wolfgang (org.). **Direitos fundamentais e biotecnologia**. São Paulo: Método, 2008.

LOUREIRO, Cláudia Regina Magalhães. **Introdução ao biodireito**. São Paulo: Saraiva, 2009.

LUCATO, Maria Carolina; RAMOS, Dalton Luiz de Paulo. O conceito de pessoa humana da bioética personalista (personalismo ontologicamente fundado). **Rev. Pistis Prax., Teol. Pastor.**, Curitiba, v. 2, n. 1, p. 57-75, jan./jun. 2010 Disponível em: http://www.bioetica.org.br/library/modulos/varias_bioeticas/arquivos/varias_personalista.pdf. Acesso em: 6 ago. 2017.

MARQUES, José Oscar de Almeida. **Sobre as Regras para o parque humano de Peter Sloterdijk**. Disponível em: http://www.unicamp.br/~jmarques/pesq/parque.htm. Acesso em: 9 jul. 2018.

MENDES, Gilmar; COELHO, Inocêncio Mártires; BRANCO, Paulo Gustavo Gonet. **Curso de Direito Constitucional**. 4. ed. São Paulo: Saraiva, 2010.

MUCHAIL, Salma Tannus. **Foucault, mestre do cuidado**: textos sobre A hermenêutica do sujeito. São Paulo: Edições Loyola, 2011.

NAMBA, Edson Tetsuzo. **Manual de bioética e biodireito**. São Paulo: Atlas, 2009.

NERY JUNIOR, Nelson. **Princípios do processo civil na Constituição Federal.** 8. ed. São Paulo: Editora Revista dos Tribunais, 2004.

NOVAES, Adauto (org.). **A condição humana:** as aventuras do homem em tempos de mutações. Rio de Janeiro: Agir; São Paulo: Edições SESC SP, 2009.

OKSALA, Johanna. **Como ler Foucault.** Tradução de Maria Luiza Borges. Rio de Janeiro: Zahar, 2011.

PEARSON, Samantha. **Demand for American Sperm Is Skyrocketing in Brazil.** Disponível em: https://www.wsj.com/articles/in-mixed-race-brazil-sperm-imports-from-u-s-whites-are-booming-1521711000. Acesso em: 9 jul. 2018.

PEDRA, Adriano Sant'Ana. Transplante de órgão e biodireito constitucional. **Revista de Direito Constitucional e Internacional**, São Paulo, ano 15, n. 61, out./dez. 2007, p. 7-24.

PIOVESAN, Flávia. **Direitos humanos e o direito constitucional internacional.** 9. ed. rev., ampl. e atual. São Paulo: Saraiva, 2008.

PORTOCARRERO, Vera. Classificação em saúde mental e Biopolítica. **Revista de Filosofia Aurora**, v. 28, n. 45, 2016. Disponível em: http://www2.pucpr.br/reol/pb/index.php/rf. Acesso em: 22 fev. 2017.

POTTER, Van Rensselaer. **Bioethics:** bridge to the future. New Jersey: Prentice-Hall, 1971.

QUEIROZ, Carla de Alcântara Ferreira. **O uso de cadáveres humanos como instrumento na construção de conhecimento a partir de uma visão bioética.** Disponível em: http://www.ibamendes.com/2011/01/um-pouco-da-historia-da-anatomia.html. Acesso em: 27 nov. 2017.

RAGO, Margareth; VEIGA-NETO, Alfredo (org.). **Figuras de Foucault.** 3. ed. Belo Horizonte: Autêntica Editora, 2013.

ROCHA, Renata. **O direito à vida e a pesquisa em células-tronco.** Rio de Janeiro: Elsevier, 2008.

SÁ, Maria de Fátima Freire de; NAVES, Bruno Torquato de Oliveira. **Manual de biodireito.** Belo Horizonte: Del Rey, 2009.

SALGADO, Gisele Mascarelli. Bioética: entre a Biopolítica e o biodireito. *In*: GAMBA, Juliane Caravieri; GARCIA, Maria; MONTAL, Zélia Cardoso (coord.). **Biodireito constitucional.** Rio de Janeiro: Elsevier, 2010.

SANDEL, Michael J. **Contra a perfeição:** ética na era da engenharia genética. Tradução de Ana Carolina Mesquita. Rio de Janeiro: Civilização Brasileira, 2013.

SARLET, Ingo Wolfgang. **A eficácia dos direitos fundamentais.** Porto Alegre: Livraria do Advogado, 2007.

SCHRAMM, Fermin Roland. Da bioética "privada" à bioética "pública". *In*: FLEURY, Sônia (org.). **Saúde e democracia:** a luta do CEBES. São Paulo: Lemos Editorial, 1997.

SCHRAMM, Fermin Roland. O uso problemático do conceito 'vida' em bioética e suas interfaces com a práxis Biopolítica e os dispositivos de biopoder. **Revista Bioética**, n. 17, p. 377-389, 2009.

SCHRAMM, Fermin Roland. **Três ensaios de bioética.** Rio de Janeiro: Editora FIOCRUZ, 2015.

SCHWARCZ, Lilia Moritz. **Nem preto nem branco, muito pelo contrário:** cor e raça na sociabilidade brasileira. São Paulo: Claro Enigma, 2012.

SILVA, Reinaldo Pereira e. **Biodireito**: a nova fronteira dos direitos humanos. São Paulo: LTr, 2003.

SLOTERDIJK, Peter. **Regras para o parque humano:** uma resposta à carta de Heidegger sobre o humanismo. Tradução de José Oscar de Almeida Marques. Campinas: Estação Liberdade, 2000.

SÓFOCLES (496 – 406 a.C.). **Antígone.** Tradução de J.B. de Mello e Souza. 2005. Disponível em: eBooksBrasil.com. Acesso em: 1 jun. 2023.

STEPAN, Nancy Leys. **A hora da eugenia**: raça, gênero e nação na América Latina. Rio de Janeiro: Editora FIOCRUZ, 2005.

VEYNE, Paul (org.). **História da vida privada**: do Império Romano ao ano mil. Tradução de Hidelgard Feist. São Paulo: Companhia das Letras, 2009.

YOUNG, Julian. **Michel Foucault.** Tradução de Abner Chiquieri. Rio de Janeiro: Forense, 2014.